Johnny Depp

UMA HISTÓRIA ILUSTRADA

DAVID BASSOM

Editora Manole

O autor expressa seus agradecimentos pela assessoria e apoio das seguintes pessoas: Julian Brown; Tessa, Michael e Danny O'Brien, Kathleen Cunningham; Anwar Brett; Mike Campbell-Montgomery; David Richardson; Jerry Cheung; Mike Cracknell e obviamente, à Bridget Cunningham.

Créditos Fotográficos
Foto de Capa: **Ronald Grant Archives**
Foto superior da contracapa: **Corbis/Everett**
fotos inferiores da contracapa, da esquerda para direita: **Ronald Grant Archives, Ronald Grant Archives, Aquarius Picture Library.**
All Action 44 centro à esquerda, 77,/Graham Altwood 76, superior à esquerda,/ Foto Blitz 69,/ Jean Cummings 64 inferior,/ Robin Kennedy 48,/P.A.G. 12 superior à esquerda.
Aquarius Picture Library
37 centro à direita, 38/9, 68,/Cesare Bonazza 14 superior à esquerda, 65,80,/Bruce W.Talamon 70, inferior à esquerda,/Bruce W. Talamon 70 superior.
Corbis/Everett 2/3, 11, 17, 19 inferior à direita, 21 superior à direita, 23 inferior à direita, 28/9, 29 inferior à direita, 29 superior à direita, 31, 36 inferior à esquerda, 37 inferior à direita, 47 inferior à direita, 47 superior à direita, 52,53,54/5, 54 superior à esquerda, 54 inferior à esquerda, 60, 66/7, 74 superior à esquerda, 78/9,/Bruce W. Talamon 71 inferior à direita.
Ronald Grant Archives 42/3,/1990 Universal 27,/ 1990 Universal City Studios 26/7.
Katz 36 alto, 46/7, 50/1, 58/9, 62, Deborah Feingold 19 superior à direita/ Marty Katz 64 superior à esquerda/ Gerardo Somoza 64 centro à esquerda.
Kobal Collection 6/7, 13,20 inferior à esquerda, 32/3, 34, 35, 45, 47 centro à direita, 56 inferior à esquerda, 60/1,/ Henny Garfunkel 24/5.
Photofest 8, 16/17, 20 alto, 22 inferior à esquerda, 22 superior à esquerda, 23 superior à direita, 37 superior à direita, 56 superior à esquerda, 74 inferior à esquerda, 74/5, /Bruce Birmelin 44 inferior à esquerda,/ Christine Parry 72/3, Bruce W. Talamon 71 superior à direita.
Pictorial Press 12 centro à esquerda, 30 alto à esquerda, 57 superior à direita, 63 superior à direita, 63 inferior à direita, /SF/Zuffante 57 inferior à direita.
Retna / Bruce Birmelin 44 superior à esquerda, /Larry Busacca 12 inferior à esquerda, / E.J. Camp/Onyx 9 à direita,/ Bill Davila 76 inferior à esquerda,/ Harrison Funk 21 superior à direita, /Henny Garfunkel 29 centro à direita,/ Steve Granitz 30 inferior à esquerda,/Leon Lecash 10 à esquerda,/ Marion Samuels 15.
Rex Features 14 inferior à esquerda, 40/1, 43, 54 centro à esquerda, Dave Lewis 49.

Editor Executivo Julian Brown
Editor Assistente Karen O'Grady
Tesoureira de Produção Melanie Frantz
Pesquisa Iconográfica Maxine McCaghy
Projeto Steve Byrne

CONTEÚDO

1 Rebelde por Natureza 6

2 De A Hora do Pesadelo para Anjos da Lei 16

3 Cry Baby 24

4 Corte Perfeito 32

5 Sonhadores, Palhaços e Gilbert Grape 40

6 O Pior Diretor de Cinema do Mundo 50

7 O Melhor Amante do Mundo 58

8 Tempo de Ação 66

9 Intensamente Depp 72

10 Filmografia 78

Traduzido do original inglês: Johnny Depp - An Illustrated Story

Tradução: Anna Maria Dalle Luche
Produção editorial: MIR Assessoria Editorial Ltda.

Este livro foi catalogado na CIP.
ISBN 85-204-0707-2. 1ª edição brasileira — 1997.
Direitos adquiridos para a língua portuguesa pela:
Editora Manole Ltda.
Rua Cons. Ramalho, 516 - Bela Vista
01325 000 - São Paulo - SP - Brasil.
Fone: (011) 283-5866 - Fax: (011) 287-2853.
Impresso em Hong Kong
Printed in Hong Kong

Johnny Depp

1

Rebelde por Natureza

Rebelde por Natureza

Johnny Depp é um dos mais populares e aclamados astros de sua geração

Ao lado: Johnny Depp ficou rico e famoso com o seriado para tevê Anjos da Lei

Abaixo: Nem o estrelato ou a aclamação por parte da crítica afetaram o estilo de vida rebelde de Johnny Depp.

De todos os atores atuantes em Hollywood atualmente, poucos são tão talentosos, determinados e enigmáticos quanto Johnny Depp, que surgiu na década de 90, como artista, verdadeiramente inspirado (e suspirado) e cada vez mais reconhecido como um dos melhores atores de cinema de sua geração.

Sua ascensão ao estrelato se realizou, na verdade sem muito esforço, o que serve para confirmar seu talento e sua integridade. Já desde o início, o então inexperiente e desconhecido ator causou tamanho impacto que conseguiu o papel em um filme apenas cinco horas depois do primeiro teste e, além disso, o personagem acabou por ser reescrito para adaptar-se a ele. Menos de três anos depois, saiu do anonimato para estrelar a nova série policial de TV, destinada ao público jovem, Anjos da Lei.

Embora a série o tenha transformado em novo ídolo da juventude, famoso, (rico!) e cheio de fãs, o jovem Johnny Depp dedicou-se à carreira e ao desenvolvimento de projetos que julgava que pudessem contribuir para sua vida artística. Nos primeiros anos da década de 90, Depp conseguiu ser escalado para papéis do agrado de suas fãs adolescentes, e além disso, realizou com relativa facilidade a passagem tradicionalmente muito difícil, ou seja passar de fenômeno televisivo para ator cinematográfico, fato este que certamente deve ter provocado a inveja de inúmeros outros atores como por exemplo, Tom Selleck, Bill Cosby e Ted Danson.

No decorrer da carreira, Johnny Depp interpretou uma enorme variedade de personagens, coisa que a maioria de seus colegas atores jamais sonharia em poder fazer. Além de ficar conhecido por seu jeito curto-e-grosso, das brigas e dos tiroteios presentes durante os quatro anos de serviços prestados

Rebelde por Natureza

Acima e à Direita: Depp abandona o rótulo de ídolo da juventude ao interpretar personagens desajustados e maravilhosos.

em Anjos da Lei, a série ambientada em Vancouver, no Canadá, Johnny Depp teve oportunidade de mostrar seu lado cômico em Cry Baby e Ed Wood, o dom da mímica em Edward, Mãos de Tesoura e Benny & Joon - Corações em Conflito, uma propensão fora do comum para o drama em Arizona Dream - Um Sonho Americano e Gilbert Grape - Aprendiz de Sonhador, além da prontidão para o romance, em Don Juan de Marco.

Depp conseguiu dar vida a algumas das mais raras criações do cinema com muita convicção e confiança. Poucos atores cogitariam fazer papéis tão diferentes, como por exemplo Don Juan de Marco (o melhor amante do mundo), ou Edward, Mãos de Tesoura, o terno, porém rejeitado ser, meio humano, meio robô, obra de um cientista maluco, ou Wade Walker, o eterno adolescente problemático de Cry Baby e Ed Wood, o diretor de cinema trash que amava roupas femininas e suéteres angorá.

Os papéis incomuns que obteve no cinema deram a Depp oportunidade para apagar todos os resíduos de ídolo da juventude e lhe conferirem, pelo menos três indicações para o Globo de Ouro, conceituada premiação americana.

Além de muito popular, Depp é um ator altamente respeitado na indústria cinematográfica. A presença do ator em um projeto de Hollywood, seja drama ou comédia, é sinônimo da boa qualidade do filme. Além disso, quase todos os atores com quem Depp trabalhou não se cansam de elogiá-lo por seu talento, seu entusiasmo, dedicação e sua contagiante energia.

Johnny Depp traz consigo o estigma de sucessor de James Dean, possui o carisma de Marilyn Monroe, além de ser considerado tão versátil como Dustin Hoffman. De qualquer modo, Depp tem se saído muito bem contracenando ao lado de grandes nomes como Marlon Brando, Martin Landau, Christopher Walken, Faye Dunaway e Jerry Lewis, e vem sendo muito elogiado pelos mais conceituados (e controvertidos também) diretores de cinema do mundo, como Tim Burton, Oliver Stone, John Waters e Jim Jarmusch.

Devido aos papéis que interpreta, além de seu comportamento fora das telas, Johnny Depp recebeu muitas vezes, da crítica especializada, o adjetivo de "ídolo da juventude". A lista de qualificações é enorme e entre outras surgem as seguintes: "Estranho, lindo e louco", "Príncipe Excêntrico", "Galã desajustado", "Charmoso e Paquerador", etc.

Mesmo tentando manter a privacidade, Depp não consegue ficar longe das manchetes, sendo conhecido tanto por seus magníficos desempenhos, como por sua agitada vida afetiva, repleta de situações constrangedoras, tatuagens e passagens por hotéis não muito recomendáveis (o que já lhe trouxe mais de uma noite na cadeia).

Enquanto deixa o público intrigado com sua tumultuada vida pessoal, Depp surpreende também a todos aqueles que especulam sobre sua carreira ao não aceitar compromisso com projetos considerados "comerciais" para dedicar-se de corpo e alma a outros, não tão promissores em termos de dinheiro, porém altamente satisfatórios do ponto de vista pessoal. Embora tenha feito dois filmes de grande sucesso, como Edward, Mãos de Tesoura e Don Juan de Marco, Depp ainda não arrebatou nenhuma grande bilheteria, tendo recusado várias ofertas muito lucrativas como o papel principal em "Velocidade Máxima" e em "Lendas da Paixão", que projetaram Keanu Reeves e Brad Pitt ao status de super astros. Ironicamente, o filme mais comercial que Johnny Depp já realizou foi "Tempo Esgotado", filme de ação e suspense que acabou sendo um fracasso de bilheteria.

Entretanto, Depp já declarou inúmeras vezes que prefere trabalhar em projetos escolhidos com o coração àqueles com apelo comercial e monetário muito forte e deixou bem claro que sua experiência como "ídolo da juventude" foi suficiente para afastá-lo da perspectiva de tornar-se um super astro global.

O jovem não se arrepende das decisões tomadas após sua saída de ***Anjos da Lei*** e tampouco se altera diante do fato de ter sacrificado o lado comercial de sua carreira em função do mérito artístico. Além disso, Depp tem planos para seu desenvolvimento profissional, tendo já começado a escrever e dirigir filmes. Assim sendo, se virtude é sinal de riqueza, Johnny Depp pode se considerar um homem rico.

Em função do enorme sucesso de Johnny Depp enquanto ator, é difícil acreditar que este rapaz veio até Hollywood originalmente para tentar a carreira de músico. Natural de Owensboro, no Kentucky, John Christopher Depp nasceu no dia 9 de junho de 1963, sendo o mais novo de quatro filhos (duas irmãs e um irmão).

Rebelde por Natureza

Alto: Johnny Depp no Festival de Cannes de 1995, ao lado do músico Neil Young e do diretor Jim Jarmusch, promovendo *Dead Man*

Centro: Encontro na noite com outro famoso encrenqueiro de Hollywood, Charlie Sheen

Acima: Nos bastidores do Fez, em Nova York, com a namorada Kate Moss e Johnny Cash

Ao lado: No papel de Wade Walker, em Cry Baby, Johnny Depp desmistificou a imagem do garoto bonzinho de Anjos da Lei.

Teve uma infância comum, com uma educação rígida, dentro dos padrões americanos normais e sua vida não tinha grandes atrativos ou qualquer ligação com o 'show-business'. O pai era engenheiro da prefeitura e a mãe (de quem o jovem herdou os traços dos índios cherokees) era garçonete. Anos mais tarde, ao ser perguntado sobre o que herdara dos pais, Depp respondeu: "A arte de fazer sinais com fumaça e a insanidade".

Suas recordações da infância são simples como ele. Diz que, ao lembrar do passado, a primeira coisa que lhe vêm são as unhas do pé de sua avó! ("Não sei porque, mas só consigo lembrar disso, aquelas unhas tortas pareciam castanhas de caju")

Lembra-se também de ter sido atacado por um enxame de abelhas, após ter inadvertidamente mexido na colméia e de que seu ídolo de infância foi o pioneiro americano Daniel Boone.

Johnny Depp se deu conta da própria excentricidade quando ainda era muito criança. "Lembro de me sentir como um peixe fora da água desde os cinco anos de idade" conta o ator. "Ficava olhando para as outras crianças e sentia que eu era o estranho no ninho".

Em 1970, a família resolveu sair do Kentucky e foram todos para Miramar, na Flórida, morar perto de um tio, que era pastor da igreja. Durante os anos seguintes, os Depp mudaram de casa cerca de trinta vezes e talvez em função de tantas mudanças, Johnny tenha sucumbido aos apelos da vida aventureira.

Por volta de 1974, era viciado em drogas e seu comportamento deixava muito a desejar, pois praticava pequenos furtos e atos de vandalismo, chegando mesmo a ser expulso da escola depois de baixar as calças na frente de uma das professoras.

No ano seguinte, Johnny iniciaria seu longo caso de amor com o rock' n' roll. Quando o grupo 'gospel' formado por seus primos vieram visitá-lo, o jovem rebelde viu-se diante de uma guitarra elétrica pela primeira vez e foi paixão à primeira vista; ficou "obcecado" pelo instrumento até que a mãe deu-lhe de presente uma guitarra de vinte e cinco dólares. A partir daí, Johnny passou um ano de sua vida aprendendo a tocar guitarra sozinho.

Mais ou menos na mesma época, Depp começou a se interessar por tatuagem e mandou fazer uma no braço, com suas iniciais. A despeito da dor, continuou fascinado pela arte e mandou fazer mais duas nos bíceps dos dois

Rebelde por Natureza

Alto: Desde cedo, começou a interessar-se pela arte da tatuagem

Acima: Depois da separação dos pais, Johnny foi criado pela mãe, Betty Sue

Ao lado: Guitarrista autodidata, Depp mudou-se para Los Angeles com a banda The Kids em 1983, na esperança de tornar-se um músico famoso

braços. Anos mais tarde, justificaria: "Sempre entendi a tatuagem como uma forma de arte e todas as vezes a fiz com esta intenção - como um registro daquilo que uso, uma espécie de diário. O corpo da gente é o nosso diário."

Algum tempo depois, o jovem artista iria passar mais apuros e dores quando, juntamente com um amigo resolveram repetir o que haviam visto no circo, ou seja, a façanha de cuspir fogo. Os dois estreantes atearam fogo a um pedaço de pano amarrado a uma árvore e cuspiam gasolina para ver se as labaredas subiam! As chamas voltaram e o rosto de Johnny pegou fogo. Felizmente, foram apenas queimaduras leves.

Em 1975, o guitarrista autodidata estreou com sua banda de garagem, a Flame (que em inglês quer dizer labareda). O conjunto ficou muito mais conhecido pelo uniforme - camiseta simples com a palavra 'Flame' enfeitada em forma de labareda, do que pela música. Johnny que, como todo adolescente, já usava normalmente "cabelo comprido e despenteado", camiseta e calça jeans, descobriu que os componentes da banda contavam com uma considerável legião de admiradoras e, conseqüentemente, caprichou no visual de mocinho romântico para conquistar ainda mais garotas de sua cidade.

Aos quinze anos de idade, os pais se divorciaram e com a separação, Johnny ficou com a mãe, Betty Sue, e suas duas irmãs. Depp atribui a este período de sua vida a justificativa pela apreciação ao sexo oposto.

Logo após a separação dos pais, Depp tomou a decisão de sair da escola, de abandonar o colegial. "Estava cansado da escola", explicaria ele mais tarde. "Estava com a cabeça ligada na guitarra e só pensava em cair fora". O adolescente rebelde percebeu que seus professores não tinham grandes esperanças para ele e, de alguma forma, já sabiam que ele terminaria preso como marginal, viciado em drogas. "Penso que meus professores me achavam muito esquisito e acho que eles não sabiam como lidar comigo", lembra-se Depp. "O que eles não sabiam é que nem eu mesmo sabia como lidar comigo".

Revendo depois a decisão de abandonar o colégio, Depp reconhece que cometeu um grande erro e diz: "O colegial era maneiro. Sabe como é, o sujeito sofre muita pressão, tem um monte de gente te dizendo o que você deve fazer ou não, sabe como é. Tem também aquela menina que você está muito a fim, mas que não te dá bola, mas perto do que a gente passa aqui fora, cara, a escola é bem maneira".

Livre da escola, Johnny mergulhou em seu projeto musical e começou a tocar rock em boates e clubes pela Flórida, agora já em outra banda: The Kids (Os Garotos). Na época, ainda menor de idade, Depp rapidamente adaptou-se à vida noturna, porém só podia freqüentar as casas noturnas sob a condição de não entrar nos bares. A banda The Kids faturava em média, dois mil e cem dólares, dos quais Johnny Depp embolsava vinte e cinco dólares.

Durante os dois anos seguintes, a The Kids fez bastante sucesso em termos regionais. Fizeram a abertura de alguns shows para bandas grandes e famosas como o B52 e Talking Heads e, em 1981, participaram de dois shows com o lendário roqueiro Iggy Pop. Certa vez, logo após o espetáculo, Depp encontrou-se com seu ídolo e subitamente começou a gritar e a xingá-lo : "Não sei dizer o motivo, porque ele sempre foi meu ídolo", explicou depois, "Ele veio na minha direção, ficou me olhando, por um instante achei que ele iria me matar. Mas só me disse: 'Seu, bobo' e foi-se embora."

Ironicamente, ao discutir o ocorrido com Iggy Pop nove anos depois, quando ambos filmavam "Cry Baby", Iggy comentou: "Provavelmente, eu estava nas mesmas condições que você, talvez até bem pior".

Em 1983, Johnny Depp casou-se com Lori Anne Allison, maquiadora, na época, com 25 anos. O casamento terminou dois anos depois e, mais tarde, Depp comentaria a respeito daquele relacionamento: "Foi uma ligação muito forte, mas não tenho certeza de ter me apaixonado por ela."

Alguns meses após o casamento de Johnny, a banda The Kids teve a grande oportunidade de suas vidas quando conheceram o grande empresário Don Ray, que se ofereceu para empresariá-los. Depois de assinados os contratos, Depp e os rapazes foram para Los Angeles, onde os roqueiros acreditavam que iriam alcançar sucesso e dinheiro.

2

De A Hora do Pesadelo para Anjos da Lei

De A Hora do Pesadelo para Anjos da Lei

O talento de Johnny Depp foi reconhecido logo no primeiro teste

Apesar do sucesso obtido em boates e clubes por toda a Flórida, os The Kids não estavam preparados para aquilo que os esperava na capital do entretenimento do mundo, Hollywood. Juntamente com centenas de outras bandas que batalhavam para obter uma oportunidade, Depp e seus colegas logo se deram conta de que a vida em Los Angeles seria muito mais difícil do que haviam imaginado e os rapazes perceberam que precisariam arrumar um emprego durante o dia para que a banda ficasse unida. Depp logo arrumou um emprego como operador de telemarketing, ganhando cem dólares por semana. Contudo, o jovem futuro rebelde e famoso astro do rock sentiu-se muito frustrado com a experiência profissional.

"Era uma exploração", comentou a respeito. "A gente ligava para alguém, por exemplo, e dizia que ele ou ela havia sido sorteado para ganhar um belíssimo relógio raro... e que bastava fazer um pedido no valor de $ 500,00 em produtos daquela marca para a pessoa receber o prêmio. Depois, eles enviavam um relógio barato para a pessoa. Foi horrível."

Nos primeiros meses em Hollywood, os The Kids fizeram alguns shows e sempre tiveram uma boa receptividade. Eles geralmente abriam os shows de artistas como Billy Idol e os Bus Boys, mas infelizmente não havia muito trabalho e os rapazes foram ficando cada vez mais dependentes de seus "ganhos suplementares" para pagar as contas.

Com o passar do tempo, Johnny Depp foi ficando desesperado com aquele trabalho de telemarketing e já estava a fim de arrumar outra atividade diurna para sobreviver quando a esposa, Lori Anne Allison, apresentou-o a um grande amigo, Nicolas Cage, ator aspirante, que estava destinado ao sucesso com filmes como Peggy Sue - Seu Passado a Espera, ou Arizona, Nunca Mais e Despedida em Las Vegas. Cage mandou Johnny conversar com seu empresário, que, por sua vez, encaminhou-o para teste na New Line, para disputar um papel num filme de terror de baixo orçamento, A Hora do Pesadelo.

Ao chegar para o teste, Depp, moreno, bonito, porém tímido, achou que não teria muita chance de conseguir o papel de Glen, personagem do filme, descrito como "jogador de futebol, grandalhão e loiro". Entretanto, a despeito da falta de experiência, a leitura de Johnny impressionou o veterano diretor de filmes de terror, Wes Craven e a agente da New Line, Annette Benson. Mesmo sendo um jovem aspirante a ator, Craven disse mais tarde que "Depp lembrava o jeito de James Dean, tinha um carisma impressionante, que nenhum outro ator possuía" e sentiu que precisava escalar aquele rapaz desconhecido. Assim, cinco horas depois do teste, Craven ofereceu ao ex-músico e então ator, o papel, agora reescrito especialmente para ajustar-se à personalidade de Depp.

Em função de cenas inusitadas e verdadeiramente assustadoras para o gênero, A Hora do Pesadelo transformou-se num sucesso de bilheteria, tendo gerado nada menos do que seis filmes subsequentes (o sétimo em fase de pré-produção), assim como uma série para a televisão. Quanto a Johnny Depp, sua aparição no filme facilitou sua estréia nas telas. No papel de Glen, um dos adolescentes perseguidos por Freddy Krueger, o mestre dos sonhos com senso de humor duvidoso, o maior desafio para Depp era demonstrar pavor quando seu personagem ia dormir para encontrar seu macabro e ensanguentado final!

Embora o filme tenha lançado o fenômeno 'Freddy Krueger' e tenha feito muito sucesso, seus atores não se sobressaíram. Nem mesmo um aficcionado dos filmes A Hora do Pesadelo poderia argumentar que Heather Langencamp, Robert Englund, Amanda Wyss e outros atores e atrizes ficaram famosos por causa do filme. O próprio Johnny Depp nunca nutriu muitas esperanças a respeito de sua estréia no cinema e não sentiu-se frustrado em sua carreira. "Que tipo de críticas se pode esperar a respeito da interpretação dos atores em A Hora do Pesadelo?", explicou mais tarde, "Alguém iria dizer que Johnny Depp estava ótimo no papel do rapaz que morre dormindo?"

Todavia, a longo prazo, A Hora do Pesadelo iria marcar profundamente o futuro artístico de Johnny Depp. Ao receber seu primeiro cheque, o jovem surpreendeu-se ao ver como a carreira artística poderia ser lucrativa, mesmo estando-se apenas nos primeiros degraus. "Foi incrível saber que eles estavam me pagando tudo aquilo e que, na verdade, era

Alto: Após trabalhar como operador de telemarketing, Johnny Depp começou a trabalhar como ator para completar seus ganhos como músico

Acima: Depp fez sua estréia como ator interpretando Glen, o jovem marcado para morrer em A Hora do Pesadelo

Acima: Depois de estrelar Férias do Barulho, Depp resolveu levar a carreira de ator mais a sério e começou a estudar interpretação no Loft Studio.

um valor estabelecido pelo sindicato", disse a respeito.

Meses depois, Depp teria a oportunidade de co-estrelar uma comédia leve, Férias do Barulho, sequência de outros abacaxis anteriores como Decisão de Trair e Escola Muito Especial, Para Garotas. Considerado como uma imbecilidade intermediária entre Academia de Polícia e Paraíso Perdido, Férias do Barulho trata das aventuras românticas de dois adolescentes, Jack (Rob Morrow) e Ben (Johnny Depp) em busca de sexo e diversão num caríssimo hotel em Miami. Jack passa o tempo todo se disfarçando e fugindo de um ladrão de jóias conhecido pelo apelido de Maestro (Hector Elizondo), enquanto Ben literalmente corre atrás de qualquer mulher que encontra pela frente incluindo Patti (Emily Longstreth) e Bobby Sue (Leslie Easterbrook).

A despeito do empenho do elenco de primeira, Férias do Barulho foi uma verdadeira catástrofe cinematográfica. Esta comédia cheia de clichês e baixarias foi provavelmente o pior projeto em que Depp poderia ter se envolvido, tendo lhe causado inúmeros embaraços. Na realidade, talvez a única coisa interessante de Férias do Barulho tenha sido a interpretação de Johnny Depp para seu personagem Ben, obcecado por sexo, que de algum modo se remete ao desempenho de Depp em Don Juan de Marco, exatamente dez anos mais tarde.

Tendo acertado sua participação no filme, Depp decidiu que estava na hora de pensar cuidadosamente no futuro. Não obstante o mérito artístico, Férias do Barulho ofereceu-lhe não apenas um bom salário, como também a oportunidade de passar férias grátis em Miami (onde grande parte do filme foi rodada). Simultaneamente, sua carreira musical nessa fase já fora transferida para a categoria de passatempo. Consciente de que se estudasse bastante, ele talvez pudesse ser escalado para fazer projetos melhores, Johnny Depp começou a considerar a possibilidade de entrar para uma escola de arte dramática.

Depois de muita reflexão a respeito, Depp decidiu que iria se concentrar na carreira de ator e abandonaria - pelo menos por um tempo - a idéia de se transformar num ídolo do rock. Para assombro dos colegas da banda, Depp saiu dos The Kids (que foram forçados a desmanchar o grupo) e foi estudar interpretação no famoso Loft Studio.

Na mesma época, em 1985, veio o divórcio com Lori Anne Allison. Foi uma separação amigável, de comum acordo para ambas as partes, sem traumas ou reclamações, tão comuns nesse tipo de situação. Logo depois, Depp começou a namorar Sherilyn Fenn, uma jovem atriz que tempos depois iria ficar conhecida como protagonista da série de televisão, Twin Peaks e em outros filmes como Encaixotando Helena e As Amantes. Meses depois, Johnny e Sherilyn ficaram noivos.

"Ele foi meu primeiro amor mesmo", disse a moça "e acho que eu fui o primeiro noivado de verdade, dentre os muitos dele". Os dois ficaram juntos por três anos até que o relacionamento terminou numa nuvem de fumaça.

Depois de formado pela Loft Studio, Depp relutou, porém decidiu que deveria permanecer em Hollywood se realmente quisesse encontrar trabalho como ator. Por isso, dividia seu tempo entre hotéis de Nova York e de Los Angeles. Várias vezes confirmou sua antipatia por Hollywood dizendo: "Moro lá porque preciso, mas é temporário".

Depp começou a participar do circuito de testes e algumas semanas mais tarde conseguiu um pequeno papel em Queimando-se Lentamente, um filme de ação rotineiro, feito para tevê a cabo, com Eric Roberts no papel de um detetive particular em busca de um artista.

Depp se questionava a respeito do curso de interpretação que fizera, por vezes achando que havia sido um desperdício, porém sua vida começou a mudar, quando surgiu a possibilidade de fazer um papel em Platoon, o filme autobiográfico de Oliver Stone sobre a guerra do Vietnã.

Inevitavelmente, Depp ficou aterrorizado diante do diretor, o monstro sagrado do cinema, porém conseguiu impressioná-lo durante o teste. "Fiz a leitura de meu papel e ele me falou: 'Está bem, preciso de você para ficar dez semanas no meio da floresta'. Foi uma experiência inesquecível".

Filmado nas Filipinas, Platoon relata o drama do envolvimento dos Estados Unidos na guerra do Vitenã através da ótica de um inocente voluntário, Chris (Charlie Sheen, no papel do próprio Stone). No final de 1967, o recruta é designado para uma unidade de patrulhamento na fronteira do Camboja e fica preso entre três facções do pelotão: os militares de extrema-direita "os certinhos" liderados pelo veterano combatente Barnes (Tom Berenger); o pragmático e descrente também veterano comandante Elias (William Dafoe) e os drogados e solitários soldados, preocupados apenas com a própria sobrevivência.

Platoon causou grande impacto por sua crítica impiedosa e provocativa à sociedade, alcançou enorme sucesso de bilheteria e acabou por arrebatar o Oscar de Melhor Filme em 1987. O papel de Lerner, o intérprete do pelotão, embora pequeno, ofereceu a Depp a oportunidade de experimentar o sabor da verdadeira interpretação "de verdade". Assim,

De A Hora do Pesadelo para Anjos da Lei

sentiu-se motivado pela experiência de ser dirigido por Oliver Stone e resolveu que escolheria com muito cuidado os papéis que lhe fossem oferecidos daí em diante. Retomou o circuito de testes e, agora numa jogada inversa do destino, juntou-se a uma nova banda, a Rock City Angels, para complementar sua renda de ator.

Em 1987, Depp foi informado que a Fox Television o queria para um papel no seriado Anjos da Lei, uma co-criação de Stephen J. Cannel (que já havia feito anteriormente outros programas, como por exemplo, Esquadrão A). De acordo com o empresário de Johnny Depp, aquela era uma proposta incrível, pois a série oferecia trabalho permanente, a possibilidade de aparecer artisticamente, além de um salário garantido. Este foi o tipo de oportunidade que a maioria dos atores fica esperando por muito tempo até conseguir. Consequentemente, foi um choque para todos quando Depp revelou que não tinha planos para participar do seriado. Disse que pessoalmente não gostava da idéia de estrelar um outro programa policial e ficar preso ao mesmo projeto por vários anos. Contrariando o conselho de quase todos que o cercavam, o desconhecido e relativamente inexperiente ator recusou a lucrativa proposta e o papel foi preenchido por outro.

Todavia, o assunto ainda estava muito distante do final. Com a produção em andamen-

Alto: Trabalhar no aclamado Platoon de Oliver Stone foi um estímulo para a carreira de Johnny Depp

Acima: Após ter se tornado ator para poder financiar sua carreira de músico, Depp juntou-se a uma nova banda, The Rock City Angels, para poder completar seu salário de ator.

De A Hora do Pesadelo para Anjos da Lei

Acima: Originalmente, Depp recusou seu prestigiado papel em Anjos da Lei e só voltou para o seriado porque seu substituto, Jeff Yagher, não se qualificou junto aos produtores

Ao lado: No papel de Tom Hanson, policial certinho que passa por colegial rebelde, Depp acabou por se transformar em ídolo da juventude e astro de tevê

to já há um mês, os produtores decidiram que o substituto de Depp, o ator Jeff Yagher, não convencia como o carismático personagem principal da série e a partir de então, retomaram as negociações com o empresário de Johnny Depp. Certo de que seu cliente estava diante da segunda grande chance para a fortuna e a fama, o agente recusou-se a receber uma negativa de Depp e tentou desesperadamente convencê-lo a aceitar o papel.

Aos poucos, Depp começou a reconsiderar sua posição, ou seja, era muito difícil conseguir-se bons papéis e além disso, Anjos da Lei era uma das melhores ofertas que já recebera; a maioria dos seriados americanos dura cerca de 13 episódios e dessa maneira, Anjos da Lei não poderia se estender por muito mais do que isso. Depois, o experiente ator de tevê, Frederick Forest (que Depp admirava profundamente) fora escalado para fazer o papel de seu chefe, o Capitão Jenko.

Finalmente, Depp decidiu dar-se uma chance em Anjos da Lei e foi para Vancouver, no Canadá, para encabeçar um elenco de desconhecidos, como por exemplo, Judy Hoffs, Peter DeLuise e Dustin Nguyen, num projeto que ele acreditava iria durar, no máximo, seis meses.

Conhecido como ponto intermediário entre as séries *Hill Street Blues e Beverly Hills 90210,* Anjos da Lei trata de um fictício grupo chamado Jump Street Unit, uma divisão especial da polícia que atua com jovens agentes secretos para impedir a escalada do crime juvenil.

Ao se dar conta que o submundo do crime não iria levar a sério o jovem e conservador oficial de polícia Tom Hanson (Depp), por causa de sua "carinha de anjo", vê-se obrigado a optar entre um trabalho meramente burocrático ou ser transferido para a recém-formada divisão Jump Street Unit. Sob o comando do capitão Jenko, o chefe inovador e fora dos padrões, os detetives adolescentes se fazem passar por estudantes secundários problemáticos em vias da marginalidade. **Anjos da Lei** estreou no segundo trimestre de 1987 e para surpresa geral, tornou-se um sucesso de audiência.

Durante a primeira temporada, o programa abordou temas polêmicos como por exemplo, abuso de menores, crime juvenil e AIDS sob o comando do carismático e pouco convencional Depp. As pesquisas de audiência mostraram que o seriado e seu ator principal, haviam conquistado uma legião de fãs adolescentes em todo o país; o público jovem masculino se identificou com o personagem corajoso, de personalidade rebelde e sempre em ação de Depp e, ao mesmo tempo, as garotas assistiam ao seriado só para ver Johnny e seu rostinho bonito.

Não é de se estranhar, portanto, que **Anjos da Lei** tenha transformado Johnny Depp em astro da noite para o dia. Embora o jovem ator sentisse que o seriado "não tinha nada a ver com representação", Depp começou a receber atenção sem precedentes por parte da mídia apenas algumas semanas após o lançamento do show.

Em pouco tempo, o rosto de Depp estava estampado nas capas das principais revistas de variedades dos Estados Unidos, tendo sido eleito pela opinião pública como "O Solteiro Mais Sensual da Indústria do Entretenimento" pela revista US e também recebeu o título de um dos "dez mais" da revista Rolling Stone.

Para Johnny, tanto a fama como o rótulo de "ídolo da juventude", representaram um desastre. Embora já tivesse experimentado relativa notoriedade por sua participação na banda The Kids, o fato de ter se transformado em sensação da mídia da noite para o dia foi algo bem diferente. E rapidamente, Depp tornou claro que sentia-se horrorizado pelo interesse que despertava enquanto ator de um seriado de tevê.

"Não consigo entender o porquê de tanto interesse na vida particular de alguém que basicamente está ganhando dinheiro para mentir", disse, "afinal de contas, um ator é apenas um ator".

Johnny Depp cansou-se de seu status de atração das adolescentes e declarou várias vezes: "Não me vejo como símbolo sexual". À medida que aumentava a atenção por parte da mídia, a correspondência dos fãs crescia de maneira desproporcional, chegando a receber cerca de dez mil cartas por mês, incluindo propostas de casamento e até roupas íntimas!

"Toda correspondência de fãs, às vezes, torna-se estranha", disse Depp. "Estou apenas trabalhando como ator - representando. Tudo o que vem junto com isso pode ser extremamente desconfortável." O rapaz descobriu que a fama também pode ser algo perigoso. "De vez em quando, sou abordado por gente louca mesmo; já fui ameaçado de morte e tem aí um rapaz que pensa que é Johnny Depp".

O envolvimento de Depp com a série **Anjos da Lei** foi repleto de ironias. Em primeiro lugar, aceitou participar do seriado porque julgou que o projeto iria durar apenas metade da temporada, porém, ao contrário, a série se prolongou infinitamente. Além disso, Johnny quis fazer o seriado pela oportunidade de contracenar com Frederic Forrest, porém o veterano ator abandonou o seriado depois de seis episódios. O jovem Depp, que estava em busca de papéis sérios para desenvolver seu talento artístico, acabou por ficar famoso como ídolo da juventude.

Para piorar as coisas, enquanto aumentava a popularidade de **Anjos da Lei**, o seriado acabou sendo vítima do próprio sucesso. Os executivos da Fox, começaram a tomar cuidado para que o comportamento estranho de seu astro principal não ofendesse nem os espectadores nem os patrocinadores e deram ordens para que os produtores do programa fizessem a série "menos controvertida e um pouco mais convencional". Na realidade, esta medida fez com que os textos mais arrojados e instigantes do seriado fossem deixados de lado e substituídos por roteiros batidos e comuns de séries policiais com todo o tipo de ação absolutamente previsível. Como seria de se esperar, **Anjos da Lei** acabou por se tornar o seriado equivalente ao já famoso Esquadrão A.

Depp, que tinha ficado agradavelmente surpreso com a qualidade do texto dos primeiros episódios da série, logo percebeu a mudança no formato e aumentou a densidade de seu personagem no processo criativo durante os anos seguintes do seriado.

Entretanto, quando a imprensa descobriu que Johnny Depp questionava o comportamento de seu personagem, assim como o conteúdo moral do filme, foi imediatamente rotulado de "adolescente encrenqueiro". Por outro lado, quando Depp comentou a respeito da superficialidade do enredo para tentar provar o quanto o seriado havia se tornado infantil, foi imediatamente identificado como uma ameaça aos estúdios.

A despeito daquilo que Depp sentia com relação ao mérito artístico do seriado, **Anjos da Lei** continuou sendo um grande sucesso junto ao público mais jovem por toda a parte tendo inclusive gerado uma outra série, *Booker,* com Richard Greico.

Aprisionado ao contrato com o estúdio, Depp, o rebelde que havia abandonado a escola, naquele momento, infelizmente deu-se conta de que não poderia repetir a façanha e dar as costas para sua carreira, por mais que assim o desejasse.

Durante a terceira temporada da série (de 1988 a 1989), Johnny Depp ficou noivo de Jennifer Gray, a atriz de - Dirty Dancing - Ritmo Quente, logo após o rompimento do noivado de três anos com Sherill Fenn. Este segundo compromisso durou apenas um ano.

Em 1989, o salário de Johnny Depp já tinha chegado aos quarenta e cinco mil dólares por episódio (ou seja, um milhão de dólares ao ano) e a cada dia surgiam mais e mais ofertas para o jovem ator. Todavia, Depp recusava-se a mudar seu estilo de vida ou fingir ser o que não era por causa da opinião pública.

Exceto pela acomodação e condução, que lhe eram oferecidas pelo estúdio, Johnny Depp não tinha nem carro ou apartamento próprio e seu jeito descuidado de ser acabou por lhe conferir o título de um dos jovens atores mais mal vestidos dos Estados Unidos, conforme pesquisa feita por uma grande revista especializada.

Ao saber do resultado, Depp declarou: "Meu objetivo é tornar-me o Mais Mal Vestido do País"! Em março de 1989, pouco antes do fechamento da terceira temporada de **Anjos da Lei**, Depp foi preso por agressão.

Insatisfeito e profundamente infeliz, Johnny Depp queria sair fora da 'loucura'da própria vida, enquanto ator e ídolo juvenil dos Estados Unidos, e assim, começou a procurar cuidadosamente um projeto de trabalho para redirecionar sua carreira.

3

Cry Baby

Cry Baby deu a Johnny Depp a oportunidade de livrar-se do rótulo de ídolo da juventude e demonstrar seu verdadeiro potencial

Embora fosse do conhecimento geral que Johnny Depp estava muito triste tanto com sua imagem de ídolo da juventude bem como com o seriado, que a cada dia perdia o conteúdo para dar lugar à ação, pouca gente poderia imaginá-lo de alguma forma ligado ao roteirista e diretor de filmes cult, John Waters.

Mestre do humor negro e do mau gosto, Waters, era capaz tanto de deliciar como horrorizar as platéias de todo o mundo com seus filmes *Pink Flamingo e Polyester* e o famoso escritor para cinema William Burroughs qualificou-o de "Papa do Cinema Trash".

Entretanto, por mais estranho que possa parecer, o famoso cineasta sabia o que estava fazendo ao escolher Johnny Depp, o queridinho das garotas, para o papel principal de sua sátira aos costumes dos anos cinquenta, o Cry Baby.

Muito embora Depp não queira admitir, não fosse pelo seriado **Anjos da Lei**, ele jamais teria sido escalado para participar do filme. Ao completar o roteiro do filme no começo de 1989, Waters começou a pensar no elenco e de repente se deu conta de que não tinha idéia de quem poderia fazer o papel de Wade Walker, o "bebê-chorão", personagem do jovem rebelde de bom coração que está sempre do lado errado da vida.

Desesperado, Waters comprou todas as revistas especializadas em cinema e tevê disponíveis, destinadas ao público jovem. Curiosamente, quase todas estampavam em suas capas, ou traziam alguma matéria a respeito do jovem protagonista de Anjos da Lei, Johnny Depp. Embora nunca tivesse ouvido falar do rapaz, ou mesmo do seriado, Waters soube imediatamente que Johnny Depp ficaria perfeito no papel.

Ao revelar quem tinha em mente para o papel principal em seu filme, seus patrocina-

Acima: No papel de Wade Walker, o Cry Baby, o rebelde arquetípico

Ao lado: Pelo modo de cantar e dançar, Wade acaba por conquistar o coração da adolescente quadradinha Allison (Amy Lochane)

Acima: Tal como seu personagem Wade Walker, em Cry Baby, Johnny Depp se vê do outro lado da lei

dores disseram-lhe no mesmo instante que Depp nunca aceitaria o papel, pois Depp havia recusado inúmeras e boas propostas de trabalho, desde que começara a fazer Anjos da Lei e achavam pouco provável que o relutante ator se dispusesse a representar nas telas um ídolo da juventude. Mesmo tendo concordado em lhe oferecer a generosa quantia de um milhão de dólares para entrar no filme, não tinham grandes esperanças de que Depp fosse sequer pensar a respeito do projeto.

Para grande surpresa tanto de Waters, como dos patrocinadores, Depp se convenceu rapidamente a fazer o papel e assinou o contrato poucos dias após ter recebido o script. Depp aceitou fazer o bebê-chorão Wade Walker porque ele representava realmente uma sátira à imagem estereotipada de ídolo juvenil e julgou ser aquele um ótimo veículo para mandar sua mensagem ao público, além de poder mostrar um outro lado de seu talento e de si mesmo.

"Foi meu melhor roteiro", explicou mais tarde. "Foi o mais engraçado... passei por muitos textos onde me via com uma arma na

mão, ou beijando uma garota, ou me exibindo pelas esquinas, ou coisas do gênero... mas Cry Baby faz uma crítica divertida de todas essas situações que eu pessoalmente odeio".

Cry Baby foi rodado em Baltimore (território de Waters), no verão de 1989, durante o intervalo do terceiro ano da série **Anjos da Lei**. Como era de se esperar de um diretor cult como Waters, o elenco do filme é adequadamente eclético. Além do inquestionável ídolo da juventude, o filme apresenta também o veterano metaleiro Iggy Pop, Patty Hearst, a celebridade que transitou da fortuna à marginalidade em seus tempos de juventude, a ex-atriz pornô Traci Lord, além de lançar nas telas a futura entrevistadora Ricki Lake. No elenco, também, o outrora galã dos anos sessenta, Troy Donahue e o talentoso William Dafoe, de Platoon.

Durante as filmagens, Depp foi supreendido por algo do passado. Ficou quase sem palavras ao ser abordado por uma de suas antigas professoras que lhe pediu um autógrafo!

Depp, que outrora abandonara o colégio, foi convidado a participar de um serviço público contra as drogas, onde deveria dizer o seguinte: "Oi, eu sou o Johnny Depp, não largue a escola, continue estudando e se forme!" Entretanto, quando Johnny avisou os produtores da campanha a respeito de seu histórico acadêmico nada recomendável, o comercial foi suspenso imediatamente.

Cry Baby, que se remete ao Grease, Nos Tempos da Brilhantina, ou *Happy Days,* é um filme vibrante, uma bela sátira aos primeiros tempos do rock'n'roll.

O filme começa com o arruaceiro "bebê-chorão" Wade Walker (Depp) tentando convencer Allison (Amy Locane), a rainha do baile que é muito certinha, e insiste para que ela venha juntar-se à sua turma, os "Drapes". Depois que Allison foge de casa para assistir o show de Walker no clube de campo dos caipiras locais, seus amigos "quadradinhos" vão atrás em busca de vingança o que resulta numa grande briga e a prisão de Cry Baby.

Enquanto Allison fica na dúvida entre esperar por Wade ou casar-se com Milton (Darren E. Burrows), o rival de Cry Baby, o personagem de Depp arquiteta uma ousada (embora tola!) fuga da prisão, antes do barbeiro da cadeia conseguir colocar as mãos nas madeixas dos membros dos Drapes.

Apesar de Cry Baby não ter recebido nenhum prêmio, ofereceu a Johnny Depp uma grande oportunidade de interpretação, ao fugir do estereótipo de bom menino de sua série na tevê. A partir dessa oportunidade, o ator fez um verdadeiro *tour de force* para demonstrar suas habilidades artísticas talvez pela primeira vez em sua carreira.

No filme, Depp carrega nos diálogos melodramáticos com grande facilidade e convence o público (está especialmente muito bem na cena em que o personagem explica a origem de seu apelido de 'bebê-chorão'). Além disso, toda sua movimentação corporal - na coreografia do filme - o remete às primeiras apresentações de Elvis Presley.

O filme Cry Baby foi lançado nos Estados Unidos no dia 4 de abril de 1990, alcançando algum sucesso em termos financeiros graças à participação de Johnny Depp e seu inegável apelo junto ao público jovem.

Alto: Ricki Lake, que mais tarde teria seu próprio programa de entrevistas na tevê, encontra um ombro amigo em Johnny Depp

Centro: Preso e afastado de Allison, Wade canta as mágoas na prisão

Acima: O elenco de Cry Baby acerta o passo com o diretor John Waters (primeiro plano, à direita)

Cry Baby

Alto: Flagrante da família de Wade Walker, em Cry Baby

Acima: Em 1990, Johnny Depp e Winona Ryder, da noite para o dia tornaram-se num dos casais mais famosos de Hollywood

vel apelo junto ao público jovem.

Inevitavelmente, quando o filme foi lançado, o jovem ator era constantemente abordado e solicitado a explicar porque seu personagem chorava tanto. Embora no começo respondesse que só chorava quando estava magoado, aos poucos foi se cansando de responder sempre a mesma coisa e começou a oferecer respostas mais originais. Certa vez, revelou: "Às vezes me pego chorando quando estou num restaurante e vejo, por exemplo, uma velhinha comendo. Acho que tem a ver com a necessidade que o ser humano tem de se alimentar."

No término das filmagens de Cry Baby, Depp voltou a Vancouver para completar o quarto e último ano da série **Anjos da Lei**. Embora tivesse revelado a John Waters que estava acreditando que o programa iria melhorar, Depp se decepcionou outra vez com o roteiro banal da rotina de perseguição de bandido e mocinho e ficou muito aliviado e feliz ao ser liberado de seu contrato no final da temporada, após um total de 82 episódios.

Johnny Depp, ao invés de ficar apreensivo por ter abandonado a estabilidade financeira que o seriado lhe oferecia, ficou muito feliz em poder prosseguir com sua carreira de ator de cinema. Enquanto isso, a Fox tinha certeza que o seriado continuaria sendo sucesso a despeito da ausência de Depp. Entretanto, quando a série foi ao ar em sua quinta temporada, por ocasião do outono (abril/maio) de 1990, rapidamente as pesquisas apontaram para uma considerável queda de audiência. Como resultado, a série foi cancelada e saiu do ar meses depois.

Com Anjos da Lei na bagagem, Johnny Depp começou aos poucos a apagar a imagem de ídolo da juventude e esperava deixar de chamar tanta atenção por parte da mídia. Entretanto, continuou aparecendo nas manchetes dos noticiários, graças ao seu envolvimento com a estrelinha de Hollywood, Winona Ryder, que já estava famosa por seus filmes Atração Mortal e Os Fantasmas se Divertem.

Johnny Depp e Winona Ryder conheceram-se através de Josh, um amigo em comum, e logo depois viraram assunto nacional. Logo após terem se conhecido, Winona disse que Depp era meio "bobo", "extremamente tímido", porém o casal logo descobriria que tinham muita coisa em comum, pois logo no primeiro encontro tornou-se claro que ambos adoravam o mesmo autor, J. D. Salinger, e a trilha sonora do filme "A Missão". A seguir, foram se identificando pelas mesmas atitudes originais e comportamento rebelde e além disso, nenhum dos dois tinha o que se poderia chamar de um lar convencional, uma casa própria. Quando decidiram morar juntos, na realidade, Depp mudou-se para o quarto de hotel que Winona se hospedava.

Embora Depp viesse acompanhado por sua reputação de conquistador e de seus longos noivados, Winona afirmou que não se importava com nada que tivesse acontecido no passado. "Não tenho nada com isso, temos uma relação muito estável e num nível muito mais profundo". Johnny Depp, por sua vez, afirmou amar Winona "mais do que qualquer outra coisa no mundo" e para proclamar este amor e o futuro dos, dois lado a lado, mandou fazer uma terceira tatuagem no braço com os dizeres: "Winona Para Sempre". Disse que optou por ela ao invés de uma aliança de noivado, "porque tatuagem não se pode jogar fora".

Winona, por sua vez, mais do que surpresa, ficou chocada pelo gesto de amor irrestrito do namorado e comentou: "Quando vi, pensei que fosse de brincadeira, que saísse com água, quase não pude acreditar. É algo muito forte, permanente, para sempre".

Johnny Depp e Winona transformaram-se num dos casais mais em evidência de Hollywood e ficaram sob a mira dos flashes da imprensa durante quase todo o tempo do seu relacionamento. Quando Winona retirou-se do elenco de "O Poderoso Chefão, Parte III", de Francis Ford Coppola, a indústria da boataria começou a funcionar. Embora a atriz estivesse exausta, sofrendo de estafa e precisasse apenas de um descanso, alguns tablóides apressaram-se em anunciar uma gravidez; outros, diziam que Depp não permitira o trabalho para que ela não se afastasse dele durante as filmagens.

Logo após o fracasso de O Poderoso Chefão, Parte III, Winona viu-se comprometida com outro projeto, desta vez contracenando com o namorado. E se o filme Cry Baby foi um surpreendente veículo para a projeção de Johnny Depp no panorama cinematográfico, então Edward, Mãos de Tesoura foi um marco na carreira do ex-ídolo juvenil.

4

Corte Perfeito

Depp recortou uma figura cinematográfica inesquecível com Edward, Mãos de Tesoura

Acima: Edward, Mãos de Tesoura (Johnny Depp) prova a utilidade de suas mãos de tesoura durante um churrasco

Ao lado: Ao invés de mãos, tesouras: cada movimento seu poderá ser fatal, até mesmo quando simplesmente precisa coçar o rosto

Um dos mais belos e emocionantes filmes dos anos noventa, Edward, Mãos de Tesoura nasceu de um esboço feito por Tim Burton, desenhista principiante do Instituto de Artes da Califórnia. Desde o tempo em que trabalhava como animador dos estúdios Disney, Burton já tinha em mente sua criação como personagem de um conto de fadas atual e, aos poucos, foi desenvolvendo a história, cujos elementos refletem sua própria infância ao sentir-se desajustado nesse mundo tão louco.

"Sempre me senti intrigado com as idéias e as imagens dos contos de fadas, mas nunca realmente me vi ligado a nenhuma delas", explicou Burton. "Minha idéia foi a de juntar todos aqueles elementos dos contos de fadas tradicionais e atualizá-los um pouco na forma para estabelecer uma ligação entre a vida real e o conto de fadas propriamente dito".

Já em 1982, Burton estreou como diretor de *Vincent,* desenho animado de sete minutos, com a voz do legendário ator de filmes de terror, Vincent Price. Após dirigir o segundo filme de animação, *Frankenweenie,* Burton partiu para o filme propriamente dito, fazendo As Grandes Aventuras de Pee-Wee. Em 1985, depois do inesperado sucesso de Pee-Wee, Burton foi designado para dirigir a comédia de horror Os Fantasmas se Divertem.

Durante a fase de pré-produção, Burton participou de um almoço de negócios com a escritora Caroline Thomson (que mais tarde iria fazer a adaptação para o cinema dos filmes A Família Addams e Black Beauty). Ao perceber que ambos tinham o mesmo gosto para fazer cinema e escrever roteiros, Burton mostrou a Caroline seu esboço de projeto para Edward, Mãos de Tesoura e começou a planejar o filme.

A escritora comenta a respeito: "Tim Burton teve uma idéia brilhante, porém sem respaldo. No instante em que ele me contou a história do rapaz que tinha tesouras ao invés de mãos, pronto, percebi que aquele era um texto fantástico, muito forte e pude visualizar num instante como seria o filme. A história é sobre alguém que não consegue tocar em nada, é sobre o que sente uma pessoa que destrói tudo aquilo que toca. Trata-se do desajuste".

Burton contratou Caroline por conta própria e pediu-lhe para escrever o roteiro enquanto ele terminava seu trabalho por trás das câmeras com Os Fantasmas se Divertem. Quando o filme surpreendeu pela bilheteria, a Warners Bros ofereceu a Burton a oportunidade de encabeçar o caríssimo, prestigiado (e igualmente confuso) Batman. A despeito de tudo, o filme transformou-se num fenômeno e ofereceu a Burton a possibilidade de trazer às telas o seu projeto Edward, Mãos de Tesoura.

Pelo menos, é o que se conta. Surpreendentemente, os executivos da Warner qualificaram o roteiro de Burton de não comercial e desistiram de produzi-lo. Sem se deixar abater, Burton submeteu seu projeto a todos os outros estúdios de Hollywood. A Fox interessou-se e ofereceu ao diretor a insignificante quantia de dezoito milhões de dólares para a realização de seu filme.

Assim que teve assegurado o dinheiro para o filme, Burton e sua co-produtora, Denise Di Novi, focalizaram as atenções para a escalação. Logo a seguir, perceberam que o roteiro classificou os atores em dois grupos: os que o amavam e os que o odiavam.

A atriz ganhadora de um Oscar, Dianne Wiest, (Hannah e Suas Irmãs e Parenthood - O Tiro que não saiu pela Culatra) ficou entre

Alto: Edward, Mãos de Tesoura demonstra suas habilidades manuais na escola

Acima: O diretor Tim Burton discute uma das cenas de Edward, Mãos de Tesoura com seu amigo e mentor, Vincent Price

aqueles do primeiro grupo e aceitou participar do projeto quase que imediatamente. Vincent Price, amigo e ídolo de Burton, também amou o projeto e concordou em fazer uma breve aparição no filme no papel do "pai" de Edward, O Inventor.

Winona Ryder, que já havia trabalhado com Burton em Os Fantasmas se Divertem, no papel de Lydia, a adolescente fascinada pelo mundo dos mortos, também aceitou trabalhar sob a direção de Burton.

"Este filme é diferente de tudo. É um conto de fadas, é original, sem época definida", disse ela.

O aspecto mais difícil de todos, contudo, foi encontrar alguém para fazer o papel principal. A pedido da Fox, o primeiro a ser convidado foi o então megassucesso, Tom Cruise.

Embora acreditasse que Tom Cruise não fosse "nem pensar a respeito", Burton surpreendeu-se quando Cruise lhe disse que estaria interessado no papel, desde que o roteiro tivesse um final feliz, ao estilo dos estúdios Disney.

Burton recusou-se a alterar sua história e as negociações com Tom Cruise encerraram-se aí.

Tom Hanks, futuro ganhador do Oscar em seu trabalho Forrest Gump - O Contador de Histórias, além de Robert Downey Jr (Chaplin, Air America - Loucos Pelo Perigo, O Céu se Enganou), foram alguns dos atores que recusaram o projeto, antes que Johnny Depp fosse convidado a discutir o roteiro. Ao contrário de seus colegas, Johnny ficou muito entusiasmado com a perspectiva de protagonizar um filme tão singular, estimulante e não convencional.

A respeito do personagem, Depp comentou: "achei aquele um dos melhores scripts que já havia lido e mergulhei de cabeça no papel. Edward não é humano, mas também não é máquina, e, portanto, achei que ele não seria um tipo muito falante. Ele era "afiado" e literalmente cortava tudo aquilo que lhe vinha pela frente e mesmo assim, continuava sendo profundamente honesto, puro e respondia tudo com muita clareza".

Consciente de que Edward, Mãos de Tesoura era um homem de poucas palavras, mas de muitas emoções, Depp pesquisou profundamente técnicas de expressão, o maneirismo, o modo de caminhar e os movimentos corporais de Charles Chaplin. Além

Corte Perfeito

disso, precisou de dois meses para aprender a se movimentar com o aparelho criado especialmente para o personagem, ou seja, as luvas com as tesouras, com aproximadamente trinta centímetros de comprimento, de plástico moldado, especialmente feitas pelo designer Stan Winston, Oscar de Efeitos Especiais.

A respeito, Depp declarou: "No começo, era muito estranho trabalhar com aquelas luvas enormes, mas, aos poucos fui me acostumando e por fim, já estava me movimentando com maior naturalidade. Foi importante descobrir, tal como Edward o faz no filme, não apenas os aspectos perigosos das mãos, mas principalmente tudo aquilo que ele poderia criar. O dom para esculpir os jardins e a arte de cortar cabelos.

No início das filmagens, Tim Burton, que só havia escalado Depp por causa da força de seu personagem em Cry Baby e não o havia visto no seriado **Anjos da Lei**, começou a ficar preocupado se o rapaz conseguiria fazer um Edward vibrante, cheio de emoção e brilho. Felizmente, logo nas primeiras provas do filme, Burton ficou maravilhado diante do estilo simples e intimista de Depp. Ao longo das filmagens, Burton percebeu que não era o único para quem Edward, Mãos de Tesoura tinha um significado especial.

"A vida do Johnny é um reflexo do tema do filme, porque ao mesmo tempo em que ele é considerado um ídolo pelos jovens que assistem ao **Anjos da Lei**, por outro ele mesmo está muito distante daquela realidade. Ele deixa transparecer uma profunda tristeza ao ser rotulado de algo tão diferente daquilo que realmente ele é. Em seu desempenho, Depp mostra muito bem a sensação de isolamento que caracteriza seu personagem".

Edward, Mãos de Tesoura foi rodado no verão de 1990 e o elenco ficou sete semanas filmando em locação, no projeto urbano de Lan O'Lakes, região central da Flórida. Das 50 casas da propriedade, 45 tiveram suas fachadas repintadas em tons pastéis para criar a "cidadezinha arquetípica, fora do tempo".

Para transformar-se em Edward, Johnny Depp gastava em média duas horas por dia na sala de maquiagem. Além disso, sua roupa de couro e as luvas pesadas faziam-no sofrer muito sob a elevada temperatura de quase quarenta graus da Flórida.

"A roupa de Johnny causava muita frustração, porque o impedia de fazer qualquer outra coisa a partir do instante que a vestisse", explicou Winona. "Ele não conseguia tocar em nada, nem a si mesmo, por exemplo se fosse preciso se coçar. Ele quase ficou louco".

Além de ter de aprender a parar de tomar café - o que fazia compulsivamente - Depp precisou controlar suas necessidades físicas, pois não podia ir ao banheiro enquanto estivesse usando as roupas e as mãos do personagem. Disse: "Naquela época, aprendi a controlar a bexiga".

Além de todas as dificuldades de ordem prática, Depp acha que Edward, Mãos de Tesoura foi o papel mais difícil que já fez no cinema e, durante algum tempo, ficou atormentado com as dúvidas quanto à sua interpretação. Graças ao apoio de seus colegas, como Dianne Wiest, Alan Arkin e Vincent Price, conseguiu concentrar-se para interpretar Edward. Depp explica: "Meus amigos me apoiaram todo o tempo em que estive em dúvida, já sem saber mais o que estava fazendo. Mas eles me asseguraram que eu estava indo pelo caminho certo. Que eu não estava errado".

Durante as filmagens, Depp estabeleceu uma relação de amizade não apenas com Tim Burton (que mais tarde iria oferecer-lhe outra oportunidade no papel de Ed Wood), mas também com Vincent Price, que além de aconselhar o jovem ator a investir em obras de arte, continuou a amizade mesmo após o término do filme e costumava mandar-lhe um cartão

Alto e Centro: Edward logo fica famoso por seu talento como cabeleireiro

Acima: Depp precisou treinar durante dois meses para poder se movimentar com as tesouras de 30 cm.

Corte Perfeito

de aniversário todos os anos, até morrer.

Edward, Mãos de Tesoura estreou em dezembro de 1990, perto do Natal, e transformou-se rapidamente em sucesso de crítica e de bilheteria. A história, um misto de Pinóquio e da Bela e a Fera, é digna da autoria dos Irmãos Grimm. O filme começa com o clássico "Era uma vez..." ao contar a criação do Edward, Mãos de Tesoura (Johnny Depp). Criado pelo Inventor (Vincent Price) que morava num castelo na colina sobre a cidade, Edward possuía tudo que precisava para viver: seu pai havia lhe dado coração, cérebro e até mesmo pele. Tudo, exceto as mãos, pois o Inventor morre dias antes de conseguir colocar em seu filho as mãos que construíra com tanto carinho. Assim, Edward vê-se para sempre preso às tesouras de sua fase anterior.

Desta forma, qualquer movimento seu pode ser fatal e Edward fica com o rosto todo marcado pelas cicatrizes dos ferimentos que ele próprio se infringiu.

Edward mora sozinho no palácio do Inventor até ser descoberto por uma jovem senhora, vendedora de produtos Avon, que com pena do pobre rapaz o leva para morar com ela e a família. Na cidade, Edward fica conhecido por suas habilidades como cabeleireiro e aparador de grama e acaba por se apaixonar pela filha de Meg, Kim (Winona Ryder). Entretanto, o destino de Edward muda quando vai preso e acusado de roubo por Jim, o ciumento e possessivo namorado de Kim (interpretado por Anthony Michael Hall). Além disso, acaba por ferir acidentalmente Kevin, o outro filho de Peg, quando o salva de ser atropelado por um carro. Ao dar-se conta de que não terá futuro ali naquela comunidade, Edward volta para seu palácio no topo da colina, emocionando a todos até as lágrimas.

Edward, Mãos de Tesoura é uma linda história de amor e um dos melhores e mais bonitos filmes de Tim Burton até o momento. Assim como E.T. de Steven Spielberg liberou o lado criança de milhões de pessoas do mundo inteiro, Edward, Mãos de Tesoura foi o veículo perfeito para Tim Burton explorar os próprios sentimentos de isolamento e excentricidade, enquanto indivíduo e também como artista. O filme é encantador, tanto pelo enredo como pela beleza visual. As imagens surrealistas exclusivas de Burton oferecem uma visão original a respeito do mundo jamais abordada no cinema.

Embora todos os atores do elenco estejam muito bem em seus papéis, Johnny Depp se sobressai e oferece um desempenho magistral e inesquecível, apesar do pouco texto

falado em cena, cada palavra dita ou cada movimento de Depp em cena oferece um resultado maravilhoso, especialmente na cena em que seu personagem se dá conta de que nunca poderá tocar a mulher amada, pois pode feri-la mortalmente.

Depp domina o papel com perfeição e seu empenho foi tão grande que por causa dele recebeu a indicação para o Prêmio Globo de Ouro.

Logo após as primeiras semanas do lançamento de Edward, Mãos de Tesoura, o fil-

me ficou famoso por sua carga emocional e pelas lágrimas que provocava nos espectadores. O próprio Tim Burton chorou ao assisti-lo pela primeira vez! O diretor mais tarde atribuiu a Depp grande parte do carisma e do impacto que o filme causou. "O fato de Johnny ter sido o mais puro possível em sua interpretação, é o fator mais importante pelo qual o filme provoca esse impacto emocional", disse orgulhoso.

Ao assistir o filme pela primeira vez num cinema da Califórnia, Johnny Depp percebeu o quanto havia contribuído para o sucesso de Edward, Mãos de Tesoura.

"A primeira reação do público ao filme foi um risinho, depois, uma risada". Isso me deixou muito inseguro e nervoso, diz Burton. "A seguir, a platéia começou a rir na hora certa e vi que todos se emocionaram com o filme. Foi algo mágico."

Acima: Rejeitado pelo mundo lá fora, Edward volta a refugiar-se sozinho em sua mansão sobre a colina

A esquerda: Da mesma forma que Romeu e Julieta, Edward e Kim (Winona Ryder) são separados pelas circunstâncias

5

Sonhadores, Palhaços e Gilbert Grape

Sonhadores, Palhaços e Gilbert Grape

A determinação de Johnny Depp em busca de papéis consistentes e estimulantes levaram-no a fazer uma série de filmes originais e fora dos padrões convencionais de Hollywood

Após redefinir com enorme sucesso sua personalidade cinematográfica com os filmes Cry Baby e Edward, Mãos de Tesoura, Johnny Depp viu-se novamente desempregado, embora involuntariamente.

Mesmo com toda a aclamação de público e de crítica com relação aos seus últimos desempenhos, o jovem Depp percebeu que havia uma grande possibilidade de fazer os chamados filmes "sessão-da-tarde", ou seja, películas comerciais dirigidas ao público jovem, adolescentes com pouca ambição na vida, além de ganhar dinheiro. Na realidade, não estava diante de nenhum projeto que ele mesmo entendesse como altamente estimulante ou desafiador para sua carreira.

"Nos últimos anos, percebo ter havido uma drástica diminuição de filmes que tratam da problemática do jovem", diz Depp. "Existem papéis para atores adolescentes em Hollywood, mas existem bem poucas pessoas que realmente têm o 'insight' para fazer alguma coisa verdadeiramente dirigida ao público jovem".

À procura de um novo papel, Depp resolveu aceitar o papel do galã no sexto filme da série A Hora do Pesadelo 6, Pesadelo Final: A Morte de Freddy. Explicou que os produtores conceberam este como o último, onde Freddy Krueger iria finalmente ter fim e o filme já contava no elenco com nomes do porte de Alice Cooper e da comediante Roseanne Barr para participarem da despedida daquele anti-herói. Assim sendo, Depp concordou em fazer uma rápida aparição - fora dos créditos - que pode ser vista pelos fãs do gênero até pela televisão.

acima: Johnny Depp no papel do simplório adorável Axel Blackmar, no filme Arizona Dream - Um Sonho Americano

Ao lado: Axel ajuda Elaine (Faye Dunaway) a realizar o sonho de voar

Sonhadores, Palhaços e Gilbert Grape

Acima: Benny & Joon, Corações em Conflito ofereceu a Depp a chance de interpretar um cômico romântico ao lado de Mary Stuart Masterson

Ao lado: Para dar vida ao seu personagem, Sam, Johnny Depp estudou a fundo o trabalho de Charlie Chaplin, Harold Lloyd e de Buster Keaton

Alguns meses mais tarde, Depp conseguiu um papel no filme, Arizona Dream - Um Sonho Americano, um drama fantástico, co-estrelado por Faye Dunaway (estrela de Bonnie & Clyde, Rede de Intrigas e ganhadora de Oscar), juntamente com o veterano comediante Jerry Lewis (O Professor Aloprado, O Mensageiro).

Com o título original de *Arrowtooth Waltz,* Arizona Dream, Um Sonho Americano conta a vida de Axel Blackmar (Depp), rapaz simplório, que vive atormentado por visões de peixes voadores, esquimós e pelo Alasca. Após uma noite de bebedeira, Axel percebe que foi raptado pelo amigo Paul (Vincent Gallo) e que está no Arizona.

Ao invés de voltar para Nova York, Axel resolve ficar no Arizona por algum tempo e logo depois vê-se prisioneiro dos sonhos das pessoas à sua volta, inclusive seu tio Leo (Lewis), que o convida para ser seu padrinho de casamento e assumir seus negócios, uma loja de carros usados. Existe também Elaine, viúva ninfomaníaca que sonha em poder voar; a enteada de Elaine, Grace (Lili Taylor) que só pensa em morrer e transformar-se em tartaruga.

Sendo absolutamente fora dos padrões, Arizona Dream, Um Sonho Americano é um filme que provoca reações radicais, ou é amado, ou odiado imediatamente, tanto pela crítica como pelo público que vai ao cinema. Dirigido por Emir Kusturica, o diretor natural de Sarajevo, o filme tem uma fotografia belíssima e trabalha com imagens surrealistas contundentes (e por vezes, simbólicas), porém dilui-se com o arrastado da narrativa (que poderia ter sido encurtada em, pelo menos, trinta minutos de suas duas horas e quinze minutos) além da inconsistência dos personagens.

Embora as interpretações de Jerry Lewis e Faye Dunaway tenham sido muito elogiadas, a crítica até agora não descobriu se o personagem de Johnny não foi bem escrito ou se o ator passou o filme inteiro dormindo.

Por ironia, a insatisfação generalizada com relação ao final do filme (no qual Axel abandona os sonhos e retorna à realidade) fez com que Johnny Depp tivesse coragem para se envolver, três anos depois, na comédia romântica Don Juan de Marco (que enaltece o fato de se colocar a ficção acima da realidade)

Arizona Dream - Um Sonho Americano foi um fracasso de bilheteria, embora Depp tenha gostado muito do papel e do projeto, decidiu que iria continuar em sua trilha marginal quando aceitou seu próximo personagem em Benny & Joon - Corações em Conflito.

O filme trata de outra história de amor fora dos padrões convencionais. Benny & Joon - Corações em Conflito é fruto da imaginação de Barry Berman, escritor e ex-palhaço de circo que resolveu homenagear seus cômicos preferidos - Charles Chaplin e Buster Keaton - incorporando conhecidos elementos do cinema-pastelão dos dois grandes nomes em sua comédia romântica.

O diretor canadense, Jeremiah Chechik (Férias Frustradas de Natal) viu que Benny & Joon - Corações em Conflito tratava da relação de amor de duas pessoas muito estranhas e acreditou no apelo universal do filme porque "o coração humano contém em si o potencial tanto para o sofrimento quanto para o prazer", disse ele.

Para a escolha dos papéis principais do filme, Johnny Depp foi a primeira opção de Chechik para o personagem de Sam, um rapaz sem destino, chapliniano, que sem querer traz a alegria, o desespero e amor, para as vidas de Benny e de Joon. O diretor tinha visto a interpretação de Johnny Depp em Edward, Mãos de Tesoura e ficou intrigado com a possibilidade de poder trabalhar com ele.

"Quando conheci Johnny Depp para discutirmos o projeto Benny & Joon - Corações em Conflito, pude perceber o quanto ele havia dado de si para o personagem de Edward, Mãos de Tesoura", explicou Chechik. "Ele é expressivo naturalmente, sem esforço. Ficou claro para mim que ele iria contribuir muito para o personagem de Sam com sua originalidade e energia positiva.

A co-produtora Donna Roth também não precisou de muitos argumentos para se convencer que a escolha de Chechik fora acertada. "Existe algo de mágico em Johnny, sem dúvida alguma", disse. "Quando o vi pela primeira vez, foi como se tivesse ido a um encontro às escuras e me surpreendido positivamente. Logo pensei: Meu Deus, ele é maravilhoso. Johnny excedeu nossas expectativas".

Para Depp, o aspecto mais interessante de seu personagem no filme era a oportunidade de recriar a magia dos grandes Charles Chaplin, Buster Keaton e Harold Lloyd e apresentá-los às gerações mais novas. Ironicamente, Depp havia perdido o papel principal em Chaplin, filme biográfico de Richard Attenborough, estrelado por Robert Downey

Jr., porque seu rival parecia-se fisicamente mais com Chaplin do que ele. A partir de então, começou a assistir e estudar todos os filmes e vídeos dos grandes comediantes e foi treinado intensivamente pelo mímico e coreógrafo Dan Kamin, um aficionado do cinema mudo, que também supervisionou o trabalho de Downey em Chaplin.

"Para mim, foi maravilhoso redescobrir Buster Keaton, Charles Chaplin Harold Lloyd", disse Depp. "Este gênero de comédia, exige muito de você e do seu físico. Aprendi a respeitá-los ainda mais depois de começar a fazer tudo aquilo que aparentemente acontece sem muito esforço".

Kamin ficou profundamente impressionado com o trabalho de Johnny Depp, dizendo: "Os movimentos delicados são os mais complicados de serem aprendidos, mas o Johnny fez um trabalho magnífico. Este rapaz foi muito corajoso e se esforçou muito, nos mínimos detalhes".

À medida que Depp trabalhava para aperfeiçoar as palhaçadas de Sam, a atriz Mary Stuart Masterson (Tomates Verdes Fritos, O Céu se Enganou, Alguém Muito Especial) também se empenhou para fazer Joon, o grande amor de Sam, uma jovem artista plástica, poeta e piromaníaca, com sérios problemas mentais. No elenco, também há Aidan Quinn (Procura-se Susan Desesperadamente, Tocaia) no papel de Benny, o irmão superprotetor de Joon.

Por duas semanas antes do início das filmagens, Chechik reuniu o elenco de modo a permitir que todos pudessem ensaiar juntos as cenas mais complicadas, além de poderem discutir seus papéis de comum acordo.

"Foi muito importante para mim criar um ambiente onde os atores não se sentissem inibidos para experimentar novas idéias que pudessem ser acrescentadas ao processo criativo", explicou o diretor. "Desde o início, estabelecemos parâmetros bem específicos para a história e para os personagens, porém ao longo dos ensaios, estávamos todos comprometidos numa maravilhosa jornada de grandes descobrimentos".

Benny & Joon - Corações em Conflito foi rodado em locação, na cidade de Spokane, no estado de Washington, durante o verão de 1992 e lançado na primavera de 1993 com sucesso de crítica, porém com bilheteria fraca.

Repleto de fino humor e grandes interpretações por parte de um elenco de primeira, o

Depp continua na abordagem do excêntrico com seu papel em Gilbert Grape, Aprendiz de Sonhador

filme é uma grande vitrine para Depp, que tem um desempenho magnífico, que por vezes esbarra em Edward, Mãos de Tesoura. Se o ator estava buscando um consolo por ter perdido o papel principal em Chaplin, Benny & Joon - Corações em Conflito foi o veículo ideal para Depp, pois nele o rapaz está perfeito em sua caracterização chapliniana, chegando inclusive em uma das cenas, a recriar com sucesso a famosa cena da coreografia dos pãezinhos de Chaplin, que também foi apresentada por Robert Downey Jr. na biografia de Richard Attenborough!

Ao comentar a respeito de seu último papel não convencional, Depp admitiu que tinha uma certa afinidade com seus personagens desajustados, dizendo: "Sou um cara esquisito mesmo. O mundo está cheio de ódio, cobiça, muita inveja. Eu não sou assim, não sinto inveja, nem odeio ninguém. Acho que é por isso que não me enquadro".

Depp continuou a explorar essa linha de interpretação em seu filme seguinte, Gilbert Grape, Aprendiz de Sonhador, uma comédia

Sonhadores, Palhaços e Gilbert Grape

dramática em que faz o papel de Gilbert Grape, o rapaz que trabalha numa mercearia que morre de vontade de ir embora de Endora, sua cidadezinha natal, no estado de Iowa, mas não pode sair dali porque precisa cuidar de Arnie, seu irmão mais novo e retardado (Leonard Di Caprio), das duas irmãs perturbadas Amy (Laura Harrington) e Ellen (Mary Kate Schellhardt) e da mãe obesa (Darlene Gates). Porém, quando Becky (Juliette Lewis) chega na cidade e entra em seu coração, Gilbert percebe que precisa resolver a própria vida e ir em busca de seus sonhos.

Dirigida com sensibilidade e muito calor humano pelo sueco Lasse Hallstrom (Minha Vida de Cachorro), Gilbert Grape, Aprendiz de Sonhador, é uma fábula encantadora e delicada, com interpretações magníficas por parte de todo o elenco de primeira grandeza.

No papel de Gilbert Grape, símbolo de sanidade dentro deste confuso e perturbado mundo, Depp brinda a audiência com sua magnífica interpretação (que lhe valeu a segunda indicação para o prêmio Globo de Ouro) ao lado de Leonard Di Caprio, que interpreta com vigor o personagem de Arnie, e em função de sua interpretação foi indicado para o Oscar de melhor ator coadjuvante naquele ano. Juliette Lewis faz a jovem idealista, par romântico de Johnny no enredo.

Ao ler o roteiro pela primeira vez, Depp aceitou o papel por sentir-se fortemente identificado com a mensagem do filme. Diz ele: “Temos a propensão de julgar as pessoas basicamente pelas aparências, porque são muito gordas, ou por serem aleijadas, ou mesmo por serem deficientes mentais. Às vezes, essas pessoas são consideradas anormais apenas por serem diferentes. O que este filme está querendo dizer é que elas são seres humanos, pessoas iguais às outras”.

Quando juntou-se ao elenco e equipe de filmagem no set, na cidade de Austin, no Texas, a primeira coisa que Depp fez foi estabelecer uma relação de amizade com Leonard Di Caprio, que disse: “Éramos irmãos diante das câmeras e por causa disso, nos tornamos bons amigos”.

Durante as filmagens, Depp ficou fascinado por vocabulário estrangeiro e por odores estranhos. Aprendeu com o diretor Lasse uma porção de palavras e frases em sueco, além de ter elaborado em conjunto com Leonard Di Caprio uma lista de aproximadamente 150 odores diferentes no set de filmagens.

“Johnny adorava ver minha expressão de nojo ao sentir o cheiro ruim de alguma coisa, como por exemplo, ovos podres, ou salsicha em conserva, ou de favo de mel velho”, lembra-se Di Caprio. “Ele me fazia cheirar e depois ficava rindo. Teve um momento que já não suportava mais aquilo e então, comecei a cobrar dele toda vez que eu tinha que cheirar alguma coisa. Acabei ganhando quinhentos dólares nessa brincadeira”

Entretanto, o fato mais significativo ocorrido durante as filmagens de Gilbert Grape, Aprendiz de Sonhador, tenha sido o rompi-

alto e centro: o relacionamento de Gilbert com seu irmão retardado, Arnie (Leonard Di Caprio), é entremeado de incidentes

acima: Gilbert encontra o amor e a esperança de uma vida melhor junto de Becky (Juliette Lewis)

Sonhadores, Palhaços e Gilbert Grape

"Nunca Pensei que estivesse apaixonado até encontrar Kate. Estou louco por ela."

acima: Por seu jeito desleixado, Johnny Depp recebeu o título de "O Ator Mais Mal Vestido do Mundo"

ao lado: A relação com a top model Kate Moss é densa e turbulenta, até mesmo para os padrões de Depp

mento com Winona Ryder, após um relacionamento de quatro anos.

Embora já estivessem se separando aos poucos nos últimos tempos e o rompimento fosse esperado, o fato em si não foi menos doloroso. Depp fala a respeito: "Aquilo tudo foi muito difícil para mim. Ficava me envenenando o tempo todo. Não dormia, nem comia direito. Só bebia e fumava. Foi horrível."

Por ironia, Depp acredita que o sofrimento pessoal daquele momento contribuiu para a construção de seu personagem no filme. Explicou: "Meus sentimentos estavam à flor da pele, e portanto mais fáceis de serem trabalhados. Eu me sentia confuso e perdido a respeito de tudo."

Os problemas de Johnny Depp se agravaram por uma série de boatos que surgiram na imprensa, acusando-o de estar tendo um envolvimento com sua colega Juliette Lewis, que teria provocado seu rompimento com Brad Pitt. Juliette, porém, não se abalou com os rumores e dizia, zombando: "Ah é? Assim, tão cedo?" e, quando leu pela primeira vez um comentário a respeito de sua ligação com Depp, muito contrariada exclamou: "Mas estamos trabalhando no filme há apenas três semanas!"

Igualmente, Depp foi atacado pelos boatos a respeito de sua tatuagem no braço com os dizeres "Winona Para Sempre". Alguns diziam que ele estava fazendo a retirada dos dizeres aos poucos e naquele momento, só havia parte do texto. Outra revista insinuou que Depp havia mandado retirar toda a tatuagem e que aquele fora um processo muito doloroso. De qualquer maneira, o próprio Depp nunca confirmou ou negou aquelas histórias.

Se Johnny Depp acreditava que os tablóides e revistas sensacionalistas fossem lhe dar sossego depois do furor causado pelo rompimento com Winona Ryder estava muito enganado. Pouco tempo depois, ao ser flagrado na cidade com a top model inglesa, Kate Moss, o ator voltou à berlinda dos noticiários.

O casal se conheceu num restaurante em Nova York, quando Kate estava jantando com alguns amigos de Depp. Johnny juntou-se ao grupo e embora sem estardalhaço durante seu primeiro encontro, os dois logo começaram a namorar.

A seguir, fizeram uma viagem ao Caribe, onde Depp ofereceu a Kate um deslumbrante anel de brilhantes, como símbolo de seu compromisso. Pouco tempo depois, Kate já assinava seus autógrafos com o nome "Kate Moss Depp" e a seguir, mudou-se para a casa de Depp em Hollywood. Embora pouco revelasse a respeito desse relacionamento, certa vez disse: " Acho que eu nunca estive apaixonado antes em minha vida até conhecer a Kate. Estou absolutamente louco por ela".

Ao mesmo tempo, Kate Moss declarava que não podia acreditar que estava namorando um dos homens mais desejados e populares do mundo: "Nunca senti nada igual antes. Desde o início eu sabia que seria diferente."

Não obstante as declarações de amor e de admiração, a imprensa não se cansava de publicar que o namoro de Depp e Kate Moss era conturbado, cheio de altos e baixos.

Desde então, o casal já se separou várias vezes e ninguém consegue afirmar se a top model um dia irá assinar de verdade o sobrenome Depp.

6

O Pior Diretor de Cinema do Mundo

Ed Wood

O Pior Diretor de Cinema do Mundo

O apaixonante filme de Tim Burton sobre a biografia de Ed Wood apresenta Johnny Depp no papel do controvertido cineasta, que se vestia com roupas de mulher e adorava suéteres angorá

Graças a uma surpreendente série de personagens desajustados, bem como às proezas e malabarismos nada convencionais de fora das telas, Johnny Depp ficou famoso como o rei do trejeito, em 1993. Portanto, ele não se surpreendeu ao ser chamado pela Disney para fazer o papel de Edward D. Wood, Jr., o bizarro e mal vestido cineasta, responsável por alguns dos piores filmes na história do cinema, no filme Ed Wood, dirigido por Tim Burton.

Ed Wood foi fruto do diretor e roteirista Scott Alexander e do jornalista e roteirista Larry Karaszewski, que discutiram a idéia de fazerem a biografia de Ed Wood, no início dos anos oitenta, quando ainda estudavam juntos na Universidade da Califórnia do Sul.

Na sequência do primeiro trabalho em colaboração com o filme O Pestinha, a dupla se reuniu com o moderno e inovador produtor-diretor Michael Lehmann (cujos créditos incluem Atração Mortal e Hudson Hawk, O Falcão Está à Solta). Lehmann, antigo colega de Alexander e Karaszewski, apaixonou-se pela idéia e ofereceu-a a Tim Burton, bem como à sua sócia de produção, Denise Di Novi.

Estes, que haviam terminado recentemente a produção de Batman, O Retorno, acharam que Ed Wood seria o "veículo perfeito" para eles.

Pediram para Alexander e Karaszewski escreverem o roteiro e a seguir, asseguraram-se do suporte financeiro junto aos estúdios Disney, que por sua vez, deram carta branca a Tim Burton para fazer o filme. A primeira atitude com relação ao filme de Burton foi a de fazê-lo inteiramente em preto e branco.

Para Burton, este projeto possuía um apelo excepcionalmente forte, pois crescera sob a influência dos filmes de Ed Wood e aos poucos foi identificando um "traço poético", um "modo meio distorcido de integridade" na obra, no chamado "pior diretor de cinema do mundo", pois Wood não aceitava roteiros fracos, ou cenários mambembes, ou mesmo deslizes dos atores ou risadas em cena que pudessem atrapalhar seu processo criativo. Burton tinha uma certa afinidade com Wood, pois ambos eram apaixonados por cinema e além disso, Ed Wood tinha estabelecido um relacionamento profissional e pessoal com o ator Bela Lugosi, famoso ator do passado de filmes de terror, assim como Burton tinha sido amigo e colega de Vincent Price.

Além disso, fica difícil não imaginar que se Tim Burton estivesse trabalhando nos anos cinquenta, seu estilo inovador e não convencional talvez tivesse sido percebido pelos produtores mais comerciais de Hollywood tal como os fracassos de Ed Wood também o foram.

Com dinheiro e roteiro prontos, Burton e Denise Di Novi começaram a voltar suas atenções para o elenco. Os dois cineastas tinham plena consciência de que o sucesso do projeto dependia grandemente do ator que iria fazer o papel-título e ambos concordaram que Johnny Depp era a melhor escolha para interpretar o malfadado diretor.

Depp foi o primeiro e único ator a ser considerado seriamente para fazer o papel. Segundo Denise Di Novi, "Ed Wood era um homem adorável e muito bonito, assim como o Johnny. Porém, o mais importante é que Johnny é um ator que topa desafios e que normalmente confere a seus personagens um tratamento especial, investindo-os da dignidade que merecem".

Ao encontrar-se com Johnny Depp para contar-lhe os planos a respeito do filme, o jovem ator ficou imediatamente intrigado e conta: "Achei a idéia formidável e imediatamente concordei em fazer o filme. Eu já conhecia o trabalho de Ed Wood e sabia que ninguém melhor que Tim Burton para contar a história daquele homem fantástico.
Na realidade, a paixão de Burton pelo diretor de filmes trash aca-

Abaixo: Johnny Depp no papel de Ed Wood Jr., o homem cuja paixão pelo cinema não diminuiu por sua falta de talento

O Pior Diretor de Cinema do Mundo

Alto e centro: Ed Wood demonstra sua paixão por suéteres angorá

Acima: Wood encontra o amor verdadeiro em Kathy (Patricia Arquette)

bou por tornar-se minha também".

Evidentemente, o amor de Depp pelo projeto acabou por tornar-se na peça fundamental para que Ed Wood tivesse vida. Para interpretá-lo, Johnny Depp precisou fazer sua pesquisa quase exclusivamente em livros, recortes e publicações, pois quase não havia material disponível em celulóide (exceto alguns poucos clipes mudos) de seu trabalho como diretor. Apenas uma cópia de Glen ou Glenda? (filme semi-autobiográfico sobre crise de identidade sexual) estrelado pelo próprio Ed Wood. Portanto, Johnny Depp não dispôs de farto material para fazer seu trabalho de criação sobre o lendário cineasta.

A respeito do papel, Depp disse: "Lia qualquer coisa que caísse em minhas mãos a respeito dele; assisti todos os filmes que pude e depois juntei todas aquelas personalidades na cabeça. Quis fazer um Ed Wood ao mesmo tempo muito otimista, inocente e um showman brilhante. Aquele homem adorava fazer cinema. Os filmes eram a vida dele e Wood não permitia que nada pudesse desanimá-lo em sua carreira".

Enquanto fazia sua pesquisa, Depp e Tim Burton tornaram-se profundos admiradores do malfadado cineasta e conta: "Na minha opinião, Ed Wood foi alguém que nunca teve medo de se arriscar na vida e fez exatamente aquilo que sempre quis. Fez o melhor que pode dentro das limitadas possibilidades e conseguiu juntar imagens surreais com momentos de genialidade. Seus filmes foram autênticos e genuinamente seus. Espero que Ed Wood seja lembrado como um grande artista".

Sem dúvida alguma, um dos detalhes mais arriscados e extremamente embaraçosos para Johnny Depp ao interpretar o controvertido Ed Wood, foi o gosto extravagante por roupas femininas. Embora o diretor Tim Burton tivesse consciência das armadilhas que as cenas em que Ed Wood se vestia de mulher podiam representar para a carreira artística de Johnny Depp, tinha confiança que Johnny conseguiria administrá-las da melhor maneira possível. "Travestis são sempre alvos muito fáceis, porém Johnny tem tanta firmeza em suas cenas que não cai no ridículo. Além do mais, ele ficou muito bem dentro daquele figurino", disse Burton.

Ironicamente, enquanto os executivos do estúdio pisavam em ovos com medo da repercussão que o filme poderia trazer com Johnny Depp travestido de mulher, o próprio Depp não se sentiu nem um pouco intimidado ao ter de escolher entre uma peruca loira e um suéter angorá cor-de-rosa.

"Considerei o trabalho como uma experiência para ver como eu ficaria vestindo roupas femininas. Na realidade, por causa disso,

hoje tenho muito mais respeito pelas mulheres e pelos travestis também. Acho que o Ed Wood se vestia de mulher porque gostava tanto das mulheres que queria sentir-se mais próximo delas", disse Depp.

A figurinista Colleen Atwood, que já havia trabalhado com Depp em Edward, Mãos de Tesoura recebeu a tarefa de fazer a transformação do galã em mulher. Atwood ficou encantado com o resultado. "Johnny fica muito bem de mulher", disse ela. "Desde a primeira vez que vestiu um suéter angorá, dissemos

que ele estava ótimo, belíssimo, sem precisar de ajustes ou acertos".

A opinião de Johnny a respeito de sua transformação, porém, foi completamente diferente da de Colleen. Comentou: "Quando me olhei no espelho achei que era a mulher mais horrível do mundo. Parecia enorme, imensa com aquelas roupas!"

Além do seu amor pelo cinema e por roupas femininas, o filme Ed Wood também trata da linda relação de amizade entre Wood e Bela Lugosi (Martin Landau) e descreve com honestidade e delicadeza de que maneira Lugosi conseguiu ajudar Wood assegurando os fundos para seus primeiros projetos, ao mesmo tempo em que Wood apoiou o amigo no declínio dos filmes de terror, nos últimos anos de vida do grande ator.

"Para mim, este filme trata da história de amor entre dois homens", disse Martin Landau. "Realmente Ed Wood e Bela Lugosi se amaram profundamente. Por vezes, Lugosi foi como um pai para Wood e vice-versa, em alguns momentos, Wood foi pai de Lugosi e

Wood recebe uma proposta irrecusável para fazer o remake de Glen ou Glenda?

O Pior Diretor de Cinema do Mundo

Acima: Cena do desastrado filme de Wood, Plan 9 From Outer Space, ou Grave Robberts From Outer Space

Abaixo: Ed Wood dirigindo um famoso ator de filmes de terror, Bela Lugosi (Martin Landau)

penso que Johnny e eu recriamos a magia daquele relacionamento entre eles".

Curiosamente, o veterano ator inadvertidamente alertou o mundo da condição de Johnny Depp de sucessor natural de James Dean. Landau, que conheceu James Dean no famoso Actors Studio, de Lee Strasberg, afirmou: "James Dean foi meu amigo e penso que Johnny é a pessoa mais próxima de Jimmy que já conheci".

A respeito de trabalhar com Landau, Depp comenta que foi algo extremamente gratificante e muito objetivo: "Cada cena que fizemos juntos teve vida própria e extrapolou o texto original. Meus sentimentos eram profundamente verdadeiros".

Ed Wood começou a ser filmado no dia 5 de agosto de 1993, tendo sido rodado em várias locações ao redor de Los Angeles, como por exemplo em Torrance, Sierra Madre, Long Beach, Norwal, Gardena e Eagle Rock. Para uma das sequências do filme, uma parte da agitada Hollywood Boulevard teve de ser interrompida para que fosse construída uma fachada do lendário Brown Derby Hotel na frente do atual e igualmente famoso Ambassador Hotel.

A fotografia do filme terminou no dia 17 de novembro, após quase três meses e meio de filmagens.

Segundo Depp, Ed Wood foi um dos trabalhos mais alegres e simples que fez. "Todas as tomadas eram vibrantes", explicou o ator. "Quer dizer, não foi fácil, porque estávamos rodando num dos locais mais claustrofóbicos, menos ventilados e desconfortáveis de Hollywood. Minha adrenalina ia a mil o tempo todo, mas todo o grupo estava dando tudo de si. Acho que este foi o melhor trabalho de grupo de que já participei".

Patricia Arquette (tal como Depp, iniciou sua carreira em A Hora do Pesadelo) elogiou a contribuição de Johnny para o ambiente descontraído das filmagens: "O Johnny nos dava força o tempo todo e penso que sua energia positiva foi tão importante para nós quanto a direção de Tim Burton".

Durante as filmagens, Depp recebeu um inestimável presente da viúva de Wood, Kathy, que emocionada com a homenagem ao seu marido, deu a Depp a carteira de Ed e sua agenda telefônica para dar um toque de autenticidade ao filme.

Depois de pronto, Ed Wood, não rendeu dinheiro, mas representou um tributo ao pior diretor do mundo. Baseado no livro de Rudolph Grey, A Vida e a Obra de Edward D. Wood Jr., a biografia começa em 1952, quando o herói da Segunda Guerra, e aspirante a cineasta, tenta angariar fundos para sua estréia cinematográfica, Glen ou Glenda? Embora o filme seja um tremendo fracasso de bilheteria, Wood ainda consegue financiamento para mais uma investida sua nas telas.

No decorrer dos meses seguintes, Wood se vê rodeado por uma "entourage" de drogados e desajustados, entre eles Bela Lugosi (Martin Landau), o futuro transexual Bunny Breckinridge (Bill Murray), o astro da luta livre, o sueco Tor Johnson (George "Animal" Steele), a apresentadora-cult de tevê, Vampira (Lise Marie) e o pseudomédium Criswell (Jeffrey Jones), que juntos auxiliam o diretor a realizar seu segundo filme, A Noiva do Monstro. Logo após o término do filme, a sofredora namorada de Wood, Dolores Fuller (Sarah Jessica Parker) o abandona, mas o atribulado diretor finalmente encontra o amor na pessoa de sua mulher Kathy (Patricia Arquete). Milagrosamente, Ed Wood termina bem, quando o aspirante de Orson Welles termina sua assumida obra-prima, o infame Plan 9 From Outer Space.

Embora Ed Wood seja claramente sobre a obra de um diretor talentoso e visionário, o filme provocou uma reação mista por parte da crítica e ofereceu, em última análise, a Tim Burton (até então o mestre do sucesso de bilheteria) sua primeira grande catástrofe comercial.

Entretanto, ninguém jamais fosse sugerir que o filme de Burton era digno do pior cineasta do mundo, muitos críticos acusaram o filme de descrever Ed Wood como um artista incompreendido, ingênuo e idealista em um mundo cruel e materialista.

Da mesma maneira, outros criticaram a maneira como o filme encobre muitos elementos da vida de Wood, como por exemplo o casamento de curta duração com sua primeira esposa, Norma McCarty, ou de seu envolvimento com o alcoolismo e o colapso da carreira, quando Wood precisou fazer os infames "filmes de monstros e nudismo", tais como *The Orgy of the Dead* e *The Cocktail Hostess.*

Contudo, quando encarado como sincera homenagem ao invés de biografia, o filme Ed Wood tem muito a oferecer, pois é recheado de momentos absolutamente hilariantes (a maior parte com base em fatos verídicos!). Além disso, o trabalho apaixonado de Burton na recriação dos "clássicos" de Ed Wood ofereceu um resultado muito melhor que os próprios originais.

Para culminar, vemos a habilidade de Tim Burton ao uniformizar os excelentes desempenhos de um elenco maravilhoso.

Johnny Depp não está apenas maravilhoso no papel de Ed Wood. Ele é o próprio Wood: maníaco, incansável e sempre simpático, é a prova do desempenho de Johnny Depp, de quem o público nunca ri e realmente torce para que o diretor consiga recursos para seu filme, mesmo sabendo que Wood está condenado ao fracasso e faria melhor desistindo da carreira de cineasta.

No filme, Depp consegue mostrar também seu lado cômico, especialmente na cena em que se encontra diante do desafio de dirigir o pior filme jamais produzido. Sem se deixar abater pelas críticas, Wood, cheio de orgulho, afirma: "Meu próximo filme será melhor!" Com este trabalho, Depp recebeu a terceira indicação para concorrer ao Globo de Ouro de melhor ator.

Com este trabalho, Depp prova novamente que não é apenas um ator muito talentoso, mas também um grande intérprete, ao propiciar momentos de glória os colegas de elenco.

Todos os atores, de Sarah Jessica Parker a Bill Murray tiveram chance de demonstrar seu talento durante o filme, enquanto Martin Landau fez o papel de sua vida ao interpretar Bela Lugosi. Landau, veterano ator cujos trabalhos anteriores em Tucker, Um Homem e Seu Sonho e Crimes e Pecados, recebeu duas indicações para o Oscar, transforma-se no genial Bela Lugosi, famoso por sua carreira nos antigos filmes de terror, e por este trabalho recebeu mais uma indicação para o Oscar, desta vez como ator coadjuvante.

Embora não tenha estourado em bilheteria, Depp sentiu muito orgulho de seu trabalho singular em Ed Wood e declarou: "No filme, fomos buscar a essência da vida de Wood enquanto cineasta e o seu relacionamento com Bela Lugosi. Este filme é uma homenagem, diferente, porém profundamente verdadeira e com muito respeito. Espero que todos os que assistam ao filme consigam entendê-la".

Por outro lado, para Johnny Depp aquele foi um período marcado por tragédias pessoais. Menos de três semanas antes da finalização da fotografia do filme, no dia 31 de outubro, o ator River Phoenix morreu de "intoxicação aguda por ingestão de drogas", conforme afirma Scott Carrier, médico-legista de Los Angeles. O rapaz caiu morto na frente da boate Viper Room, na Sunset Strip. Depp, na ocasião, era um dos sócios da boate e sentiu-se profundamente atingido pela maneira sensacionalista como os repórteres trataram a trágica morte de River Phoenix, transformando-a num evento jornalístico.

"Nessa hora, a mídia falhou, pois faltou com o respeito tanto à memória de River, como quanto à sua família, seus amigos e principalmente quanto aos seus fãs, tentando enlamear seu nome, desmerecê-lo junto a todos os que o amavam, quando na verdade o que ocorreu foi um grande erro cometido por um rapaz adorável, um erro fatal que poderia ter acontecido a qualquer um de nós. Fiquei realmente muito aborrecido", disse Depp a respeito da tragédia.

Johnny Depp fechou a casa noturna por duas semanas até a mídia parar de tocar no assunto, bem como para que os fãs de River Phoenix tivessem oportunidade de prestar ao jovem ídolo suas últimas homenagens.

Ao reabrir a boate, algum tempo depois, o ator sentiu-se aliviado ao perceber que os "abutres" já não rondavam mais o local e que tudo voltara ao normal em seu clube.

O Pior Diretor de Cinema do Mundo

alto: River Phoenix, ator que morreu na porta da boate de Johnny Depp, a Viper Room

acima: Fãs e admiradores de River Phoenix depositam flores na calçada da boate Viper Room

7

O Melhor Amante do Mundo

O melhor amante do mundo

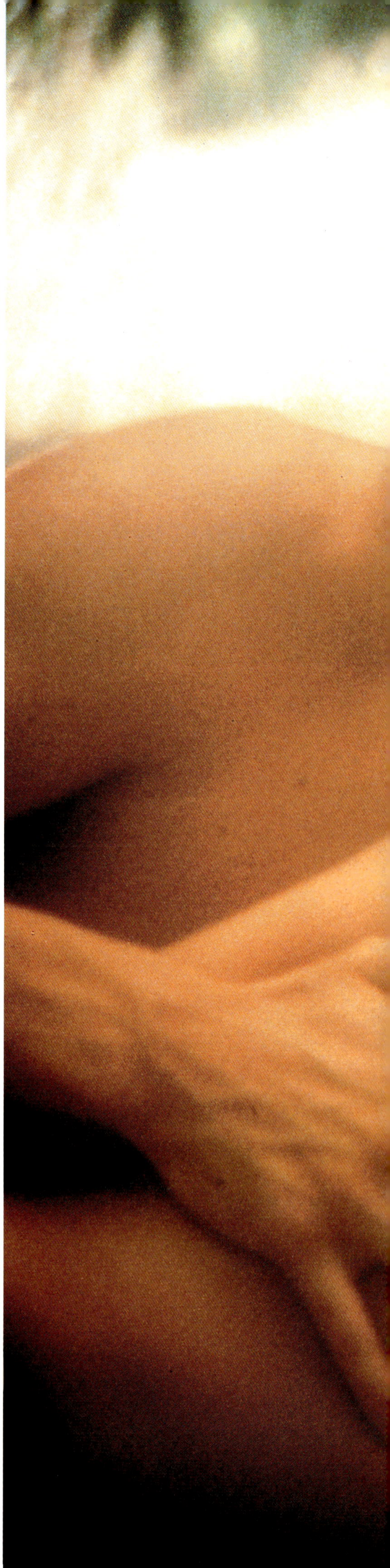

A grande maioria dos fãs de Johnny Depp adorou o herói romântico e mentalmente desequilibrado de Don Juan DeMarco

Acima e ao lado: Johnny Depp como Don Juan DeMarco, o melhor amante do mundo, ou um contador de histórias de primeira?

Tão logo finalizaram-se os trabalhos de Ed Wood, saiu o anúncio de que Johnny Depp fora convidado para fazer o papel de um rapaz mentalmente perturbado que afirma ser o melhor amante do mundo. O público e a crítica receberam com entusiasmo a notícia. Afinal, quem melhor que Johnny Depp para interpretar um jovem romântico, desajustado e mentalmente desequilibrado?

Originalmente batizado de *Don Juan DeMarco and the Centerfold*, (algo como Don Juan DeMarco e a Coelhinha do Mês), o roteiro, especialmente desenhado para o cinema, foi escrito e dirigido por Jeremy Leven, ex-terapeuta e escritor que transformou-se em roteirista e diretor. A história tem como tema o Don Juan, de Lord Byron sobre a qual Leven pensou em escrever uma comédia romântica que combinasse elementos do clássico romance com a sua própria experiência enquanto psicoterapeuta.

Assim, refugia-se numa fazenda em Connecticut para escrever o roteiro. Ao terminar de escrevê-lo, Leven ainda não pensa a respeito do elenco, está certo de que a fá-

O melhor amante do mundo

"Meu desafio foi o de criar um personagem que fosse ao mesmo tempo um aristocrata e um gozador, porém adorável. Precisei criar alguém com personalidade muito forte, embora ainda perdido."

bula romântica e original irá marcar sua estréia como diretor.

Já em Hollywood, Leven coloca seu roteiro à venda por três milhões de dólares e supreende-se com a notícia de que Francis Ford Coppola (ganhador de cinco Oscar cujos inúmeros créditos incluem Apocalipse Now e a trilogia de O Poderoso Chefão) ficara encantado com a história. Pouco tempo depois, Coppola entra como produtor de filme e informa Leven de sua alegria em tê-lo como diretor da película.

Na realidade, o texto de Leven não entusiasma apenas Coppola, mas também Johnny Depp que, ao ler o script imediatamente mostra-se interessado em fazer o papel-título e diz: "O roteiro de Jeremy é fantástico, está muito bem escrito. Os diálogos são lindos, cheios de poesia."

Como seria de se esperar, Leven acha que Depp é o ator ideal para representar seu Don Juan da atualidade, mas fica chocado ao saber que o rapaz impõe uma condição para aceitar o papel e conta: "Disseram-me que Johnny queria o papel mas que só o faria se Marlon Brando fizesse o psicoterapeuta do roteiro. Naquelas alturas, achei que meu projeto tinha ido por água abaixo, mas fui surpreendido novamente, desta vez ao saber que Marlon Brando estava interessado no papel".

Tendo o lendário Marlon Brando (O Poderoso Chefão, Último Tango em Paris e Sindicato de Ladrões) e o controvertido Johnny Depp nos principais papéis masculinos, Leven precisava agora definir a personagem feminina que acabou ficando com Faye Dunaway. Para a atriz, o que mais chama a atenção é o fato de poder contracenar tanto com Marlon Brando como com Johnny Depp, seu antigo colega do filme Arizona Dream - Um Sonho Americano.

Faye conta: "Marlon Brando é um sonho, um ídolo, é o mito do ator no universo do cinema e Johnny para mim é seu herdeiro natural." Desta maneira, com Marlon Brando, Johnny Depp e Faye Dunaway encabeçando o elenco, o projeto que se iniciara como uma modesta produção de três milhões de dólares acabou por tornar-se um potencial sucesso de bilheteria de cerca de vinte milhões de dólares.

Antes do início das filmagens, Depp fez laboratório de prosódia para adquirir um sotaque latino com base no impecável Ricardo Montalban, grande intérprete latino, famoso pela série Ilha da Fantasia, entre outros filmes. Além disso, para poder se sair bem na cena crucial do filme, Depp tomou aulas de esgrima. A respeito de seu trabalho, Depp comenta:

"Meu desafio foi o de criar um personagem que fosse ao mesmo tempo um aristocrata e um gozador, porém adorável. Precisei criar alguém com personalidade muito forte, embora ainda perdido.", ele disse. "Eu precisava criar alguém que tivesse bastante confiança em si mesmo mas, ao mesmo tempo, se sentisse perdido."

Por ironia, novamente Depp se vê em roupas femininas, durante a cena em que Don Juan invade um harém. Entretanto, ao ser questionado se iria aparecer vestido de mulher em todos os filmes, rindo, respondeu: "Isso acontece por acaso, não é algo definitivo".

Além de dar vida a Don Juan, Depp também encarou o desafio de trabalhar com Marlon Brando. Antes de começarem a trabalhar juntos, Depp foi convidado para um almoço na casa da lenda viva do cinema. Felizmente, a experiência não foi tão terrível quanto o jovem ator imaginara, pois comentou: "Pensei que fosse desmaiar antes de conhecê-lo, mas desde o primeiro momento, Brando me deixou muito à vontade. Ele é um homem simples, embora brilhante e muito talentoso."

Johnny Depp passou o verão de 1994 rodando o filme e descobriu que a melhor coisa daquele projeto foi trabalhar ao lado de Marlon Brando e Faye Dunaway. Disse: "Os dois são maravilhosos, com carreiras magníficas. Fui um privilegiado de poder trabalhar e aprender com eles."

O drama romântico de Don Juan DeMarco começa com o Dr. Jack Mickler (Brando) sendo chamado às pressas para tentar salvar um jovem (Depp) que está prestes a se suicidar.

Alto: Don Juan é vendido como escravo no Oriente Médio

Acima: O Dr. Jack Mickler (Marlon Brando) é cativado pela convicção de Don Juan

Ao lado: Don Juan se prepara para vingar a morte do pai

O melhor amante do mundo

Alto: Johnny Depp com sua ex-noiva, Winona Ryder

Acima: Kate Moss posa ao lado do (ora sim, ora não) namorado

Abaixo: Tanto Depp como Juliette Lewis desmente boatos sobre namoro

Com uma máscara nos olhos, uma capa jogada nos ombros e empunhando uma espada, o rapaz afirma ser Don Juan, o melhor amante do mundo. Desconsolado por ter perdido seu verdadeiro amor, Dona Ana (Geraldine Pailhas), o Dr. Mickler acaba convencendo o rapaz a não pôr fim à vida e assim, o rapaz é encaminhado pela polícia para tratamento psiquiátrico.

Em seguida, Don Juan é conduzido à clinica e fica sob os cuidados do respeitadíssimo Dr. Mickler, que está a dez dias da aposentadoria. O psiquiatra fica intrigado com as fábulas poéticas do rapaz, repletas de romance e aventura, e começa a reavaliar a própria vida, especialmente seu relacionamento com a esposa, Marilyn (Faye Dunaway). Enquanto todas as evidências indicam que o rapaz é de fato um sonhador, o Dr. Mickler o aceita mesmo como o lendário amante, Don Juan.

Assim, Don Juan DeMarco é uma história romântica e encantadora a respeito do triunfo da fantasia sobre a realidade. Embora Leven não consiga dar à sua fábula contemporânea o impacto duradouro pelo qual tanto se esforça no decorrer da história (ao contrário de Edward, Mãos de Tesoura), por outro lado, o filme não tem um momento de monotonia sequer e oferece ao elenco oportunidade para desempenhos magistrais.

No papel do Dr. Mickler, Marlon Brando esbanja talento e carisma, sem, contudo fazer sombra aos seus companheiros de tela. Depp, por sua vez, está irrepreensível no papel do grande conquistador e não fica nada a dever aos seus talentosos e famosos colegas de trabalho. Outros atores talvez caíssem no ridículo com o personagem. Depp consegue evitar as armadilhas do papel e interpreta Don Juan com admirável convicção e firmeza durante todo o filme.

A aparente tranquilidade das falas do personagem, como por exemplo "Posso oferecer prazer às mulheres, se assim elas o quiserem - e sem dúvida, este será o maior prazer que experimentarão na vida" fez com que muitas pessoas duvidassem que Johnny Depp estivesse representando. O ator revela: "A autoconfiança de Don Juan é algo tão forte nele e ao mesmo tempo, tão distante da minha própria personalidade, que me sinto até estranho. Ou seja, um cara que diz ser o melhor amante do mundo é muito corajoso. Eu ficaria muito sem jeito de chegar para uma garota e falar uma coisa dessas".

Apesar de toda a naturalidade para interpretar o personagem e de suas afirmações com relação à sua própria personalidade, o filme ofereceu a Johnny Depp o título de "o ator mais sexy de todos os tempos", segundo a revista Empire, publicação especializada em cinema. Qualificado de "enigmático" pela revista, Depp disparou na frente dos monstros sagrados da tela de todas as épocas, como por exemplo Marilyn Monroe, Michelle Pfeiffer, Robert Redford, Grace Kelly, Brigitte Bardot, Sean Connery, Paul Newman, Mel Gibson, James Dean e Tom Cruise. Depp derrotou os galãs de sua geração como Keanu Reeves (que ficou em 17° lugar) e Brad Pitt (que pegou 23°). Ganhou também um prêmio por ter "as pernas mais sensuais" da história do cinema!

Don Juan DeMarco foi lançado no início de 1995 e se classificou como sucesso internacional de média bilheteria. Entretanto, Johnny Depp tem muito orgulho em afirmar que nem o filme ou seu papel mudaram seu modo de vida.

Enquanto Don Juan ia sendo lançado pelo mundo, Depp encabeçava as manchetes sensacionalistas mais uma vez, agora por ter sido multado em dez mil dólares por atos de vandalismo no renomado Mark Hotel, em Nova York. Mais tarde, Depp explicaria que estava apenas reagindo ao ataque de um cão raivoso "que pulou de dentro do armário na minha direção". Depois do incidente, em todos os hotéis que se hospeda, Depp (que só se registra sob o nome de Stench) reparou que os gerentes parecem "um pouco nervosos" com sua presença em seus estabelecimentos!

BETTY

8

Tempo de Ação

Tempo de Ação

Tempo Esgotado marcou o início da carreira de Johnny Depp em filmes de ação

Acima e ao lado: Homem errado, no lugar errado e na hora errada - a trajetória de um simples contador, Gene Watson (Depp)

Nos anos que se seguiram ao seriado **Anjos da Lei**, Johnny Depp recusou por várias vezes muitas ofertas lucrativas para estrelar grandes projetos, altamente comerciais (os chamados "sucessos garantidos") e, ao contrário, acabou por optar por outros filmes de orçamento baixo, mas com um forte apelo emocional.

Ao deixar o seriado, o ator deixou claro que odiava o fato de ser a sensação da mídia e que não estaria disposto a trocar o rótulo de ídolo da juventude pela fama de astro internacional.

"Tom Cruise é o astro de maior sucesso no mundo", dizia ele, "e eu não poderia ser como ele... não tenho essa pretensão".

No início dos anos 90, as opções idiossincráticas de seus filmes fizeram com que Johnny Depp se livrasse do rótulo de ídolo da juventude, aproveitando o tempo para desenvolver seu natural talento para a interpretação.

Além disso, o galã invariavelmente encontrou mais projetos alternativos e muito mais interessantes do que o material convencional que lhe era oferecido. "Detesto o óbvio", diz Depp. "Nem perco meu tempo respondendo a esses convites, se meu pressentimento não for bom".

Por causa de seu modo de pensar, Depp recusou os convites para filmes de enorme sucesso como por exemplo, Lendas da Paixão (o drama água-com-açúcar que projetou Brad Pitt) e Velocidade Máxima (que consolidou a posição de superstar internacional de Keanu Reeves). Johnny Depp abriu mão também de várias ofertas multimilionárias, como por exemplo a nova versão de Os Três Mosqueteiros e Invasão de Privacidade, o desastre cinematográfico de Sharon Stone.

Porém, um pouco antes do início de seu trabalho em Ed Wood, em 1993, Depp percebeu que estava ficando conhecido como o protótipo do alternativo, fazendo papéis bizarros e decidiu mudar o itinerário de sua carreira. "Talvez já tenha feito demais o estilo cabeça-fresca/desajustado, ou talvez tenha trabalhado até agora só com o coração. Quem sabe não é o momento de tomar outro caminho de interpretação, porque não quero acabar me repetindo naquilo que faço".

Ao terminar Don Juan DeMarco no ano seguinte, Depp estava confiante de que não iria se comprometer artisticamente se aceitasse fazer de vez em quando algum projeto lucrativo e começou a considerar a possibilidade de estrelar um filme comercial para ampliar seus horizontes inclusive na criação e no desenvolvimento dos filmes.

"Se houver alguma coisa boa com potencial comercial, estou dentro", revela Depp. Logo depois, candidatou-se para estrelar Tempo Esgotado, um thriller de ação, dirigido por John Badham, cujos créditos incluem grandes sucessos de bilheteria como por exemplo Os Embalos de Sábado à Noite, Tocaia, Jogos de Guerra e Alta Tensão.

O filme trata de uma brusca virada na vida de um homem comum pego no lugar errado e na hora errada. Tempo Esgotado começa com o contador Gene Watson (Depp) e a filhinha de seis anos Lynn (Courtney Chase) sendo capturados como reféns por dois terroris-

O TRAINS →
les Union Station
DEPARTURES

Alto: Depp em salto durante seu filme mais comercial até agora

Acima: Johnny Depp presta atenção às instruções do veterano diretor, John Badham

tas disfarçados de policiais, Smith (Christopher Walken) e Jones (Roma Maffia).

Smith diz a Watson que ele dispõe de 80 minutos para assassinar a governadora da Califórnia, Eleanor Grant (Marsha Mason). Caso ele não consiga, ou avise as autoridades, sua filha morre. Para piorar a situação, os terroristas já têm tudo preparado para fazer com que a culpa do atentado caia sobre Watson e plantam evidências para que ele seja tido como um louco solitário em busca de vingança.

Quando Tempo Esgotado foi aprovado pela Paramount, os executivos do estúdio achavam que o simplório e relutante herói fosse ser interpretado por algum ator de ação já conhecido do público, como Mel Gibson ou Bruce Willis. Produtor D. J. Caruso, porém sempre achou que o filme ficaria melhor se o papel principal fosse interpretado por alguém cuja imagem não fosse associada às peripécias dos costumeiros filmes de ação. Como resultado, a partir do momento que o nome de Johnny Depp foi sugerido para o papel, Caruso achou que aquela tinha sido a opção perfeita.

"Porque seu papel em Tempo Esgotado é completamente diferente dos personagens que já fez no passado, o público vai torcer por ele, mesmo sem saber se ele irá conseguir transformar-se em herói", diz Caruso.

Embora os executivos da Paramount achassem que Depp fosse recusar a oportunidade de estrelar Tempo Esgotado, o ator ficou curioso ao saber que o filme iria acontecer em "tempo real", ou seja, o público acompanha Johnny Depp durante os 80 minutos que ele tem para matar a governadora do estado.

Foi por isso que Depp resolveu transformar o obscuro e sem atrativos contador Gene Watson num homem valente e destemido. Conforme ele mesmo afirmou: "Gene vai de um extremo a outro - de emoção em emoção, em fração de segundos".

Tempo Esgotado começou a ser rodado no dia 2 de abril de 1995 e terminou no dia 19 de junho daquele ano. A maior parte das filmagens aconteceu no Hotel Westin Bonaventure (um dos maiores centros de con-

Tempo de Ação

venções da cidade de Los Angeles) e o restante das sequências do filme, na Union Station de Los Angeles e nos estúdios da Paramount. O filme foi rodado quase que inteiramente na própria sequência para permitir que Depp pudesse captar o sofrimento da situação crítica de seu personagem. Além disso, John Badham dirigiu o filme de maneira muito objetiva, sem muitos detalhes, num estilo quase documental.

"Nossa película foi filmada como se a trama estivesse realmente acontecendo para aquelas pessoas todas. Filmamos os atores sem maquiagem, usando câmeras de mão para obter um resultado o mais objetivo possível", disse Badham.

Para Depp, Tempo Esgotado acabou se transformando em uma experiência diferente e altamente gratificante. Diz ele: "Fizemos uma porção de cenas que usavam duas ou três câmeras, o que diminuiu o número de tomadas e manteve o frescor e a espontaneidade da atuação. Não ficamos presos às falas marcadas e nos sentimos à vontade para fazer o que tínhamos vontade".

Ao contrário de alguns de seus papéis anteriores, Depp achou muito fácil de se relacionar com a situação e o dilema deste seu novo personagem: "Para compor meu personagem retirei da vida real todos os elementos que necessitava. Por exemplo, família é algo muito importante na minha vida. Tenho sobrinhos e sobrinhas que eu adoro. Se lhes acontecessem alguma coisa, sei que ficaria louco e faria qualquer negócio para salvá-los."

Além de ter feito sua demorada incursão no universo dos grandes orçamentos de Hollywood, Tempo Esgotado também marcou a estréia de Depp como herói de ação - embora relutante e definitivamente singular. Johnny decidiu fazer sem dublê quase todas as suas cenas perigosas, de forma a captar a aflição e o desespero crescente de seu personagem. Como resultado, Depp atuou em cerca de noventa por cento de todas as cenas de perigo, inclusive uma queda de quase trinta metros de altura.

Pouco antes do lançamento no inverno de 1995, Tempo Esgotado estava sendo cotado para ser um estouro de bilheteria, repetindo o estrondoso sucesso de Velocidade Máxima do ano anterior. Com uma manobra de marketing - ingênua e imprópria - o thriller foi lançado nos Estados Unidos no dia 22 de novembro, data comemorativa do assassinato do Presidente Kennedy.

Como era de se esperar, muito pouca gente foi à estréia do filme naquele fim de semana e o filme foi retirado para dar lugar a filmes de maior apelo como Toy Story, Jumanji e Pai da Noiva - Parte 2.

Entretanto, não obstante a fraca receptividade, Tempo Esgotado é acima da média e um excelente thriller. O filme é repleto de tramas surpreendentes, coerentes com a premissa paranóica da história e John Badham costura brilhantemente um enredo repleto de grandes emoções ao longo da película.

No primeiro papel mais convencional de sua carreira desde **Anjos da Lei**, Johnny Depp convence plenamente no papel de um homem comum que se transforma em vítima de circunstâncias extraordinárias. O único fato marcante deste seu desempenho é justamente não ser marcante.

Embora dolorosamente convincente nas cenas em que se confronta com a perspectiva de cometer um assassinato contra a própria vontade, o papel de Johnny Depp como homem comum nunca realmente utiliza seu talento singular como intérprete e o ator é na maioria das vezes desperdiçado - por vezes, ele fica tão comum e desapercebido que acaba por desaparecer da tela.

Com Depp restrito à normalidade de seu personagem e com a maioria do elenco confinado a personagens caricaturais, Christopher Walken parece dominar a tela no papel de Smith, o vilão frio e cruel.

Desta maneira, embora longe de ser um total fracasso, se Tempo Esgotado veio com o objetivo de transformar Depp num superastro, ao estilo Keanu Reeves, falhou em seu intento. Embora Reeves nunca tenha sido aclamado pela crítica por seus trabalhos em O Pequeno Buda e Garotos de Programa, Depp descobriu que a aclamação universal e a admiração não se convertem necessariamente em sucessos de bilheteria.

Alto: O sinistro Sr. Smith diz a Watson o que deve fazer

Acima: Watson precisa matar a governadora da Califórnia, Eleanor Grant (Marsha Mason) para salvar a vida da própria filha

9

Intensamente Depp

Intensamente Depp

Imprevisível e singular, o talentoso Johnny prepara para conquistar ainda mais fãs de cinema pelas próximas décadas

Acima e ao lado: William Blake (Johnny Depp) transforma-se em lenda do western moderno *Dead Man*

Nunca Johnny Depp foi tão famoso e tão ocupado. Embora relutante em aceitar papéis em filmes que estourem as bilheterias, o que poderia transformá-lo em um superastro de grandeza internacional - recheando seus bolsos e os dos magnatas da indústria cinematográfica, Johnny Depp afirma que não sai de seu modesto (em termos de Hollywood) padrão de 4 milhões de dólares por filme e continua sendo completamente imprevisível na escolha de seus personagens.

Depp está sendo sempre cotado para uma variedade de papéis que atores mais convencionais - que seus rivais Brad Pitt e Keanu Reeves apenas sonhariam fazer - sendo mais certo que não, Depp consegue oferecer interpretações magníficas e verdadeiramente originais.

Assim, Johnny Depp é alguém muito tranquilo quanto a não se deixar contaminar pela máquina da indústria cinematográfica americana, nem se importa de estar "cotado" abaixo de Brad Pitt ou de Keanu Reeves pelos donos do dinheiro.

Se fama e dinheiro fossem seus objetivos, Johnny Depp teria feito a escolha mais simples, quando no início dos anos noventa utilizou-se dos rótulos de ídolo da juventude e de protótipo de James Dean para se lançar em inúmeros projetos destinados a apagar seu sucesso na série **Anjos da Lei**.

Pelo contrário, conseguiu redefinir sua imagem cinematográfica com muito sucesso com todos os personagens alternativos e ecléticos dos projetos sem perspectivas comerciais, mas cujo apelo é forte o bastante para chamar sua atenção.

A nova identidade de Depp, bem como suas extravagâncias igualmente imprevisíveis conferiram ao talentoso ator um novo rótulo: o de "galã esquisito". Entretanto, tudo isso lhe trouxe reconhecimento e popularidade.

Embora não goste de filmes "sessão-da-tarde", tanto os fãs como os cineastas continuam a admirar intensamente Johnny Depp. Ao manter-se fiel às suas escolhas incomuns, um dos recentes projetos do ator é *Dead Man*, um faroeste moderno dirigido pelo cineasta cult Jim Jarmusch (Stranger Than Paradise, Down By Law, Mais Estranho que o Paraíso eTrem Mistério). Filmado em preto e branco, Dead Man traça a trajetória de William Blake

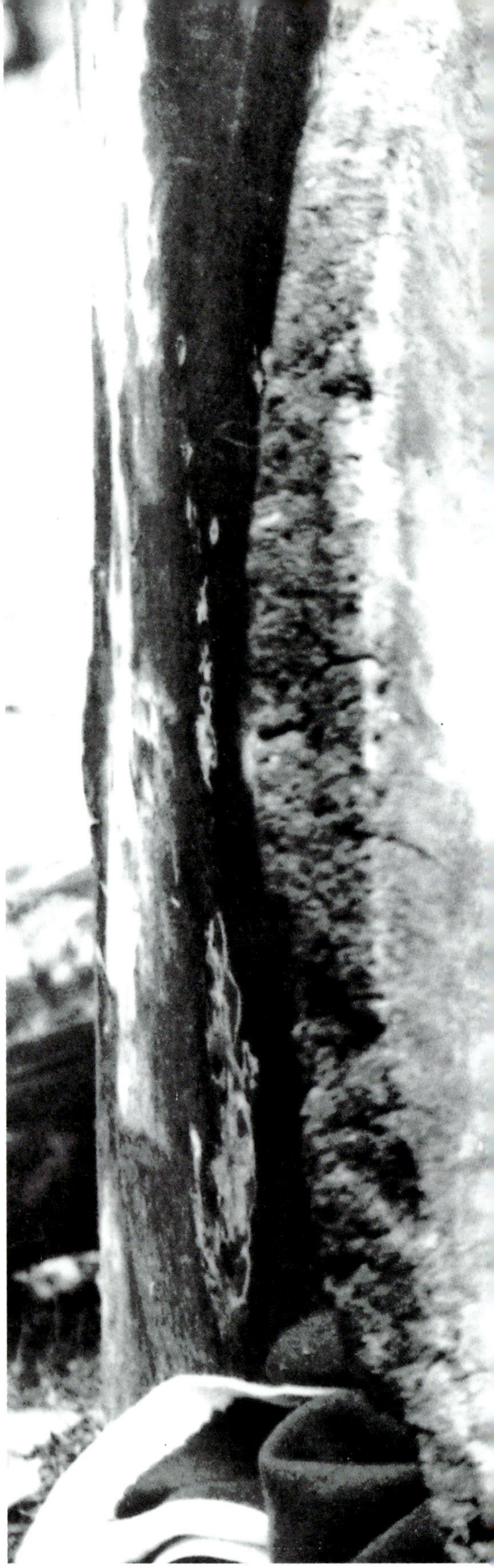

(Depp) um simples contador da cidade de Cleveland, do estado de Ohio, que fica famoso de repente ao ser acusado de assassinato e a seguir foge para o sertão americano acompanhado de um índio.

Ao ser questionado quanto a estrelar outro clássico cult, o ator respondeu: "Você diria não a um filme de caubói, em branco e preto, tendo a chance de contracenar com o Gabriel Byrne, o John Hurt, o Alfred Molina e o Robert Mitchum, e com música do Neil Young?"

Como qualquer outro astro de Hollywood, o nome de Depp está sempre ligado a novos filmes e projetos, muitos dos quais o ator não tem nem conhecimento.

Intensamente Depp

"Às vezes, ainda acho que tenho dezessete anos e sou frentista daquele posto de gasolina da Flórida"

Acima: Divine Rapture (Divino Êxtase), comédia irlandesa que reuniu outra vez Johnny Depp e Marlon Brando, cuja produção foi suspensa por falta de orçamento

Acima: Donnie Brasco coloca Johnny Depp na companhia de outro astro do Poderoso Chefão, Al Pacino

As notícias mais recentes contam que os últimos projetos de Johnny Depp incluem um papel na adaptação para as telas do famoso desenho Speed Racer, dirigido por Julien Temple (Absolute Beginners), o papel principal no filme Donnie Brasco, onde contracena com Al Pacino (O Poderoso Chefão), além do filme escocês, *Cull.*

Depp já declarou publicamente seu desejo de estrelar *It Only Rains at Night,* (algo como: "A Chuva da Noite") drama original dirigido por Neal Jimenez (O Despertar Para a Vida). Logo após ter lido o script do filme, Depp disse: "Assim que li Edward, Mãos de Tesoura, percebi que um filme como aquele só iria me acontecer uma vez na vida; que eu não teria outra chance. Com *It Only Rains at Night* é a mesma coisa.

Contudo, existe um filme que seus fãs dificilmente poderão assistir, *Divine Rapture* (Divino Êxtase), comédia irlandesa, condenada ao esquecimento, onde Depp contracena novamente com Marlon Brando, Debra Winger e John Hurt. Com apenas dez dias de filmagens, encerraram-se os trabalhos em virtude de corte no financiamento da produção.

Com vistas no futuro, Depp admite que seus projetos pessoais compreendem algumas adaptações para o cinema de clássicos da literatura como por exemplo, Crime e Castigo e Ricardo III. Diz que gostaria de fazer também o atormentado herói da Metamorfose, de Franz Kafka - a fábula do dia a dia de um homem que vai se transformando num inseto gigante!

Depp é um ator que jamais se aproveitou da própria fama e atualmente pretende iniciar-se na arte da direção com o filme The Brave (O Valente), uma produção de 6 milhões de dólares baseada no romance de Gregory McDonald.

Além de dirigir The Brave, vai co-escrever o roteiro (juntamente com seu irmão D.P. Depp), como também estrelar uma produção "altamente comercial", que descreve a vida de um desesperado habitante da cidade de Los Angeles que aceita fazer um papel num filme de quinta categoria.

A despeito do risco evidente e da pressão que o filme pode lhe trazer, Depp está confiante com relação à sua nova empreitada. "Já trabalhei com os melhores diretores do mundo e absorvi deles tudo o que pude; acho que estou pronto para por em prática tudo que aprendi nesse tempo todo, mesmo que seja ao menos por uma vez. Acho que vale à pena tentar... se não der certo, volto para frente das câmeras, ou quem sabe, retomo minha carreira de músico".

Embora não tenha trocado o cinema pelo rock ainda, Johnny Depp continua a tocar guitarra, de vez em quando, com sua banda "P", na companhia de Gibby Haynes (dos Butthole Surfers), Steve Jones (ex-Sex Pistols), Bill Carter, Sal Jenco e Flea (dos Red Hod Chilli Peppers). No começo de 1996, a banda "P" começou a trabalhar no novo disco.

Johnny Depp tem plena consciência de ter percorrido um longo caminho desde que chegou em Hollywood em 1984 para ser músico. Ao rever sua trajetória, o ator admite que já fez muito mais que interpretar papéis controvertidos.

"Parece haver uma constante nas coisas que faço; estou sempre ligado a pessoas consideradas "esquisitas" por aqueles que se acham "normais", diz ele. "Acho que me sinto atraído por esses papéis porque minha vida também não é nada convencional".

Depp diz também que estas opções supostamente excêntricas lhe ofereceram a oportunidade de trabalhar com os melhores e mais famosos diretores de cinema do mundo. "Por causa deles todos não posso fazer concessões, o que por sua vez facilita meu trabalho junto deles".

Johnny Depp também sabe que é famoso por seu corpo bem feito, por suas aventuras amorosas e por suas extravagâncias. Ele brinca que a mídia o vinculou romanticamente com todo mundo, desde o Papa até a Rainha da Inglaterra e que, na verdade, ele não é o "garanhão insaciável" que a imprensa retrata.

"Quando se está no processo de crescimento, passa-se por uma série de interpretações errôneas", explica. "A gente bagunça as coisas, primeiro porque somos muito jovens e eu particularmente fui jovem demais durante muito tempo. Meus relacionamentos, na realidade, não foram tão pesados quanto as pessoas pensam".

A despeito de sua lista de relacionamentos complicados, o ator acredita em "uma sociedade onde as pessoas não se divorciem a cada cinco minutos: pode-se permanecer casado durante 75 anos. Isso acontece e é lindo. Ao ver um casal chegando aos setenta e cinco anos de convivência, sinto que preciso estudá-los. É inacreditável."

Depp deixa claro também que não faz o gênero trintão bonitinho e irresponsável e

questiona muitas coisas que fez no passado, inclusive a mania que teve por tatuagem.

"É uma bobagem, agora percebo. Há muito tempo que desisti disso. E não façam isso em casa, rapaziada."

Além disso, Johnny Depp acredita ser um privilegiado por não ter sido contaminado pelo estrelato, pela fama ou pelo dinheiro. "Às vezes, ainda acho que tenho dezessete anos e sou frentista daquele posto de gasolina da Flórida", explica o ator. "São os outros que nos colocam esse estigma".

Sem surpresas, o músico-que-virou-ator-que-virou-escritor/diretor acredita que se sua carreira artística terminasse subitamente, ele seria igualmente feliz ganhando a vida como jardineiro.

Depp afirma também que seus planos para o futuro são os mesmos e que ele sempre quis "casar, ter filhos, um aquário cheio de peixinhos dourados, um cortador de grama, uma pista asfaltada na frente de casa, e dunuts pela manhã."

Entretanto, se o cenário parecer doméstico demais para um dos atores mais excêntricos do momento, não tenham dúvidas que este futuro tranquilo é pouco provável de se concretizar na vida de Johnny Depp, pois como ele mesmo diz: "Uma parte de mim deseja levar o cachorro para passear na rua e trocar fraldas, enquanto a outra quer ir para o mundo e cair na gandaia!"

Será que Kate Moss ainda estará ao seu lado quando Depp resolver trocar fraldas, levar o cachorro para passear ou então cair na gandaia?

FILMOGRAFIA

1984	*A Hora do Pesadelo*
1985	*Férias do Barulho*
1986	*Queimando-se Lentamente (filme para tevê a cabo) e Platoon*
1990	*Cry Baby e Edward, Mãos de Tesoura*
1991	*A Hora do Pesadelo 6, Pesadelo Final: A Morte de Freddy*
1992	*Arizona Dream - Um Sonho Americano*
1993	*Benny & Joon - Corações em Conflito e Gilbert Grape - Aprendiz de Sonhador*
1994	*Ed Wood*
1995	*Don Juan DeMarco e Tempo Esgotado*
1996	*Dead Man e Donnie Brasco.*

Além do seriado para tevê Anjos da Lei (de 1987 a 1990)

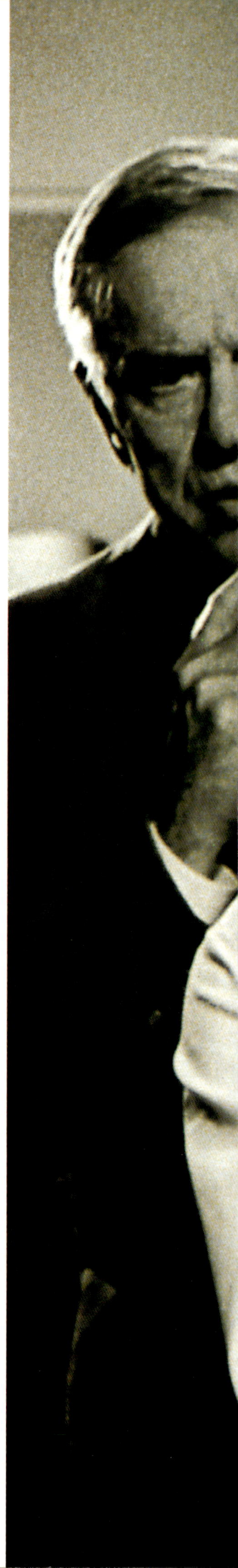